福文化概论

福建省炎黄文化研究会 编

卢美松 主编

海峡出版发行集团
THE STRAITS PUBLISHING & DISTRIBUTING GROUP

福建人民出版社
FUJIAN PEOPLE'S PUBLISHING HOUSE

图书在版编目（CIP）数据

福文化概论 / 福建省炎黄文化研究会编；卢美松
主编. --福州：福建人民出版社，2022.12
　　ISBN 978-7-211-09037-2

　　Ⅰ.①福… 　Ⅱ.①福… 　②卢… 　Ⅲ.①地方文化—研
究—福建 　Ⅳ.①G127.57

中国版本图书馆 CIP 数据核字（2022）第 253193 号

福文化概论

FUWENHUA GAILUN

作　　者：福建省炎黄文化研究会编　　卢美松主编				
责任编辑：何水儿				
责任校对：林乔楠				
出版发行：福建人民出版社		电　　话：0591-87533169（发行部）		
网　　址：http://www.fjpph.com		电子邮箱：fjpph7211@126.com		
地　　址：福州市东水路 76 号		邮政编码：350001		
经　　销：福建新华发行（集团）有限责任公司				
印　　刷：福州印团网印刷有限公司				
地　　址：福州市仓山区建新镇十字亭路 4 号				
开　　本：787 毫米×1092 毫米　　1/16				
印　　张：15.75				
字　　数：218 千字				
版　　次：2022 年 12 月第 1 版				
印　　次：2022 年 12 月第 1 次印刷				
书　　号：ISBN 978-7-211-09037-2				
定　　价：100.00 元				

序

马照南

由福建省炎黄文化研究会组织编写的《福文化概论》就要出版了。这是省炎黄文化研究会完成上级交给的研究任务，也是福文化研究取得的具有开创意义的重要成果。

2022年初，福建省委宣传部领导指示炎黄文化研究会开展福文化研究。专家学者座谈会上，大家献计献策，踊跃发言。研究会学术委领导、省文史馆原馆长卢美松提出应该编写一部《福文化概论》。他认为，福文化是福建的特色文化，从古至今，论述福文化的著述积简充栋，但尚无福文化理论专著，这无疑是个缺憾。省炎黄文化研究会以研究中华优秀传统文化、研究福建特色历史文化为己任，理应承担这个重大的研究任务。

撰写一部开创性的学术著作，不仅需要深厚扎实的学术功底，更需要宽阔的理论视野、严谨求实的学术精神。卢美松馆长是福建文史学界德高望重、学养丰厚的大家，他以极大的热情投入全书的组织撰写之中。从拟定框架到选邀作者，全书提纲的拟定和具体编写，事无巨细，他均亲力亲为。初稿完成之时，正值福州疫情暴发，炎热酷暑难耐，他经常夜以继日，伏案写作，总纂统稿，第二天一早又冒着暑热，踏着斑驳树影，步行来研究会，常常汗流满面。到研究会后，他便立即投入编写和修改。如此三个月，从不间断。其殚精竭虑、字斟句酌、精益求精的精神令人感动!

读罢《福文化概论》,谈几点粗浅感想。

这是一部由民俗事象转化提升为文化理论的成功之作。应该说,不是任何一种民俗活动都具备成为理论的基因和基础,福文化则不同。福文化,通称中华福文化,也称吉祥文化,是中华民族的内生文化。从原始社会开始,中华先民就有祈福、崇福、惜福的传统,表现为千家万户门窗贴福、建筑饰福、节日祈福,从远古初民的祭祀仪式发展至民众日常生活"自求多福"的思想观念,并内化为中华民族最深沉的精神理念和意识形态,与社会主义核心价值观紧密交融,拥有最迫切的追求和期盼,具有广泛而深厚的民意基础。《福文化概论》指出:"中华福文化历史悠久、底蕴深厚、形态多样、特色鲜明,浸润于个人生命中,深入于社会生活、生产劳动和人际交往之中,具有独特的精神价值、文化价值、社会价值和经济价值。"福文化起源于上古祭祀仪式,传播于民间祈福活动,在很长的时间里,福文化停留在民俗层面。恩格斯曾经说:"历史从哪里开始,思想进程也应当从哪里开始。而思想进程的进一步发展,不过是历史过程在抽象的、理论上前后一贯的形式上的反映。"历史的起点也是逻辑的起点。该书坚持以习近平新时代中国特色社会主义思想为指导,对传统福文化历史探讨和系统总结,进行了创造性转换、创新性发展。全书以马克思主义理论工作者的学术敏锐和文史学者的宽阔视野,对我国自古以来的福文化进行较为全面地梳理、概括和提升,搭建架构、诠解概念、细致论证、深化理念、丰富内涵。从其框架可以看出,全书从福文化产生的背景,福文化思想的形成、发展、社会传播、时代性进步,到中国共产党人的初心使命,构建人类命运共同体等方面,并对福文化从古至今经历的徵福发展过程,包括祈福、求福、谋福、造福、受福等发展阶段,进行理论阐释。同时,该书还专章论述中华福文化的海外传播。全书结构完整、层次分明、论证严密。

习近平总书记深刻指出:"中华优秀传统文化源远流长、博大精深,是中华文明的智慧结晶。"该书紧紧把握"马克思主义与中华优秀传统文化相结合"的指导思想和实际融合,由此大幅提升福文化的理论内涵和理论高度，把表现民族文化传统、社会心理、精神特质和民俗风情，以及民众喜闻乐见、日用而不觉的价值观与马克思主义为民谋福、造福的基本原理有机结合起来，为马克思主义中国化时代化注入中华民族的历史智慧、价值理念，使之成为具有"中国特色、中国风格、中国气派"的接地气的思想体系，从而获得人民群众的认同与接受，转化为人民群众的信仰和情感，转化为新时代价值观，进而激发出巨大的理论力量。

这是一部求证准确、论述翔实之作。该书作者在汗牛充栋的古代典籍中，从汉字演化、考古发现、建筑文化、民俗风情，乃至格言民谣，详赡叙述、考证研究福文化的演变过程，独具匠心和新意。如书中从6300多年前浙江良渚文化遗址的巨大祭坛、陕西神木石峁、内蒙古红山文化5000多年前的大祭坛遗址，直到今天仍然屹立在北京市的天坛，证明中国数千年间，祭天祈福的传统相沿成俗，不绝如缕。"福"字溯源，则从最初的甲骨文、金文200多个造形中体会古人强烈的祈福愿望和丰富的想象力。《诗经》中关于"福"的字眼多达54处。《尚书·洪范》篇中关于"五福"的解说："一曰寿，二曰富，三曰康宁，四曰攸好德，五曰考终命。"这是福文化最早也是权威的叙述。上古人追求"五福"，直接表达个人对生命过程的追求，归纳起来就是期望长寿、财富、健康和道德。后世儒家即以此为基础，阐释人生哲学，演绎入世出仕的人生目标。中华先贤特别强调道德修养，认为这是"自求多福"的根本，之后产生"五常"（仁、义、礼、智、信）的道德和礼仪规范，强调"立德、立功、立言"的人生目标。宋代朱子等学者继往开来，不断充实福文化内涵，并加以深入解说使之普及化。全书脉络清晰、文气充盈，考论翔实、论述有力。

这是一部彰显历史自信、文化自信之作。习近平总书记在党的二十大报告中指出："我们必须坚定历史自信、文化自信，坚持古为今用、推陈出新，把马克思主义思想精髓同中华优秀传统文化精华贯通起来、同人民群众日用而不觉的共同价值观念融通起来。"福文化是一种信仰、一种自信、一种理论，也是一种价值观，是对中华民族历史自信、文化自信的坚强支撑和教化。福文化展现中华民族栉风沐雨、勇毅前行、自强不息、坚韧不拔的民族品格。为了解除人民疾苦，为民造福，无数先贤用生命写下壮烈篇章。从神农尝百草、大禹治水三过家门而不入，到林则徐"苟利国家生死以，岂因祸福避趋之"；从林觉民《与妻书》誓言愿"为天下人谋永福"而牺牲的革命自觉，到"红军不怕远征难，万水千山只等闲"的豪迈气概，这种为民服务、为民谋福、为民造福的自悟自觉体现了无坚不摧的强大精神力量。在新时代，福文化更让人们自觉感悟理想之福、读书之福、奋斗之福、助人之福、为人民服务之福。该书以对福文化进行整体巡礼，深入挖掘福文化丰富的精神内涵和当代价值，全方位呈现新时代福文化自尊自觉，热忱勾勒新时代新征程上赓续中华福文脉、坚定文化自信、创造美好幸福新生活的壮丽画卷。

这是一部致知力行的时代之作。该书体现出鲜明的时代感和实践性特色。中国共产党将为人民谋幸福作为自己的初心和使命，坚持"以人民为中心"的幸福理念，全心全意为人民谋福造福。该书从百年未有之大变局加速演变的时代高度，深刻论述为民谋福是中国共产党的初心使命，中国共产党为民造福的历史实践，以及党为民造福的基本方略和重要成果，深刻阐述树立新时代的幸福观，具有现实意义。

福建作为全国唯一以"福"字命名的省份，拥有多姿多彩的福文化资源，该书展现了中华福文化的广阔前景以及福文化的深厚底蕴与独特魅力。弘扬福文化，用时代精神激活福文化强大而持久的生命力，在更广领域和更高层面上推进福文化建设，必将有力地促进福文化与旅游、经济等方面的融合，促进中外文化交流，推动文旅经济、文化产业的发展壮大。

推进福文化创造性转化创新性发展，是一个持续不断的过程。如何深化福文化的理论研究和实践应用，依然任重道远。相信在各位专家和社会各界的共同努力下，福文化的研究一定能取得更大成果。

让福星高照中华天空，福气充盈无垠大地！

2022 年 12 月 28 日

引　言

福是中国人特有的文化符号，是中华文化的基因。追求福祉是中华民族迈入文明门槛以来的共同理想，因而福文化是中华民族的精神徽帜。中华福文化历史悠久、底蕴深厚、形态多样、特色鲜明，浸润于个人生命中，深入于社会生活、生产劳动和人际交往之中，具有独特的精神价值、文化价值、社会价值和经济价值。福文化作为中华民族独有的人文事象，应当进行深入地发掘研究，推进其传承发展。

在中华大地上，之所以能在五六千年前就产生福祉观念，并出现福文化的滥觞，这完全基于它从远古以来所具有的社会生产与生活的方式。

"福"字的象形初文透露出它产生的社会背景。在商周时期的甲骨文和金文中，"福"字是以一人双手高捧酒樽的形象，表达的是先民祭祀神灵的虔诚意态。后来文饰增加，字体演化，遂成今日之楷书"福"字。透过字义，人们可以想象当时的社会生活情形和人们的思想追求。众所周知，中华民族历来以农耕为主业，北方以旱地作物粟稷为主，南方以水田稻作农业为主。中华民族自古以农立国，人民勤劳勇敢、节俭朴素，盼望每年都有好收成。在人类无力抗御自然、文明教化未开的情况下，其祭祀的目的自然在于祈求上天赐福，即希望风调雨顺、五谷丰登、六畜兴旺；对于个人则希望先祖神灵给予庇佑，使自身、家庭、家族能安享富足、健康长寿、子孙繁衍。可见，初民祭祀祈福是有具体内容和明确指向的。

据《尚书·洪范》载，商周易代之际，周武王曾向商纣王之叔箕子请教治国理政之道，箕子于是讲出"九畴"的理政纲领，其中第九畴有"五福"之说，即"一曰寿，二曰富，三曰康宁，四曰攸好德，五曰考终命"，明确指出治政要满足民生福祉的五大目标。后人将其发扬光大，并广泛流传开来。

在古代农业社会，祭祀祈福的权力掌握在王公贵族手中，统治者除了祈求自身长寿安康外，还为追求社会治理与社会生活的顺遂，祈祷国泰民安、风调雨顺、社会稳定。统治者一再强调，"国之大事，在祀与戎"，把祭祀祈福列为国家头等大事。而且，为了倡导民众农耕和祷祝年成丰收，古代实行"籍田"制度。商周时期，天子率诸侯亲耕以"祈年"（即祈求丰收），天子示范，扶犁亲耕，以示重农，然后各诸侯及百姓开始大规模春耕生产。上古时代的"祈年"活动，正是我国农耕时代的祈福盛举，此后形成各个王朝的传统仪典。

中国祈福传统产生的另一个重要背景是，儒家思想的倡导和推动。农耕社会需要的是安定和平的社会环境、和睦友好的人际关系，这也是古代儒家、道家、墨家诸子所倡导的建立在仁、德思想基础上的社会治理目标。据载，周公为新建立的周王朝"制礼作乐"，制定了一套完整的规章制度和礼仪规范。传说这是遵循黄帝时代"垂拱衣裳、平章百姓"的礼仪而设的，后为儒者所继承和发挥，成为仁爱万民、实施德治、推行王道的政治理想。孔子集上古儒家思想之大成，发展而为儒家学派，影响中国数千年封建政治。在儒家主导的"大一统"观念和"五常""五伦"道德思想指导下，中国农业社会保持了几千年的稳定发展，形成世界上无与伦比的超稳定社会结构，福文化遂得以在其中传承、丰富和发展，成为广泛深入人心、表现无处不在的泛文化意识形态。这是人类思想文化史上的一大奇迹，也是中华文化的一大特色。

其实，"福"字本身只是抽象的概念，是人们向往一切美好事物的象征性文化符号。对个人而言，历史上"五福"俱享者唯有文武

◎ 清乾隆掐丝珐琅五福捧寿盘

◎ 清青花缠枝莲纹福字嵌瓷插屏

兼备、立下"再造唐室"殊勋的郭子仪。宋人徐钧颂之曰："古今多少功名在，谁得如公五福全。"因为郭子仪出将入相，集功名富贵、安宁寿考于一身，且子孙众多，德称于位，名标青史，遂成为世人艳羡的"全福"代表。

随着社会的发展和知识的进步，先人逐渐充实、发展了对福祉追求的内容，使之成为无所不包的吉祥概念。小到个人与家庭，大者及于国家和民族，包括亲情、爱情、友情，事业、产业、学业，生命、生活、人生，以及口、耳、目、心等感官，都有追求福祉和享受幸福的愿望。

福文化在思想意识上代表了和谐与中庸，所以自古以来人们在徼福中都坚持"和中"之道，秉持"允执厥中"的原则，拒绝贫乏困穷的生活，谋求充裕殷实的物质待遇，创造并享受精彩丰富的精神生活，同时也反对和批判穷奢极欲、腐朽糜烂的放纵生活方式，认为那是使人堕落甚至走向死亡的泥淖。因此，自古以来关于如何修德自律以享受福祉的格言警句不计其数，都在告诫人们福祸相依、盈亏递邅的道理。

至于如何徼福及受福，人们也从历史经验与生活实践中觉悟到许多。于是，从古至今福文化经历了祈福、求福、谋福、造福、受福等发展阶段，有过种种主张与作为。祈福是古人向天地鬼神祈求赐福、降福的活动，是人类尚处在蒙昧时期的朴素思想和被动作为。人们的思想从幼稚走向成熟，经历了数千年时间，这是从无数世代的拼搏、抗争乃至革命中体悟到的。求福是人们在破除对天地神灵的迷信之后，意识到应当反身自求。儒家、道家和佛家的思想都告诫人们，幸福应当"反求诸己""自求多福"，即通过自身的劳动、奋斗和创造而求得幸福。"自求多福"也就成为古人常用的互相诫勉之语。中国历代先贤为探索求福、致福之路，付出了艰辛努力，为后人的谋福实践指明了正确道路。

由祭祀祈福到实践谋福，这是人类对自身福祉认识的一大进步。人类由此摆脱了对天地鬼神的希冀和所受外在"势力"的羁绊，不再坐等赐福而自寻致福之路、自求多福之门。这种从自在到自为的求福认识转变，是时代进步使然，也是人类自我意识觉悟的结果。"为天下人谋永福"，是黄花岗七十二烈士之一林觉民在《与妻书》中的沉痛呐喊，也是革命者响亮的战斗口号。作为先知先觉的民主革命者，目睹封建王朝政治腐败、社会动荡，在列强的侵凌宰割下，专制统治再无生机，百姓痛苦到了极点，更无幸福可言。他们决心以自身的慷慨赴义为民请命，以期警醒全国民众，共同推翻压迫者、剥削者和侵略者的黑暗统治，以实现自由、平等、和平、幸福的生活。这种为大众谋永福的崇高理想，体现了先贤的宽阔胸怀和高度觉悟，也是福文化在实践中的巨大进步。中华人民共和国成立之初，群众发自内心歌颂毛主席，称"他为人民谋幸福，他是人民的大救星"，以救星、福星颂之，可见民众对领袖的爱戴。当然谋福之途不会止步于解放劳苦大众，那只是"万里长征走完了第一步"，更艰巨而伟大的进程还在于造福。

福祉观念从理想到现实、从精神到物质的转化在于造福。福文化在现实中的运行，从国家和社会而言，其关键乃在于与时俱进的规划设计、正确指导和强力引领。习近平总书记指出："幸福都是奋斗出来的。""人民对美好生活的向往，就是我们的奋斗目标。"这是

◎ 清嘉庆十五年伊秉绶题"福寿延年"匾额，连城树芳斋藏

中国共产党带领亿万民众造福社会的动员令，不但代表了全国人民对幸福生活的热烈向往，而且体现了强烈的实践精神和实干态度。这是对福祉追求的进一步升华，是把理想与现实相结合的生动体现，也是人们追求幸福的唯一正确道路。

中华人民共和国成立以后，中国人民经历过艰辛探索和顽强奋斗，终于摆脱贫困，走上幸福生活的康庄大道，实现几千年来古圣先贤和革命先辈们的崇高理想与殷切期望。造福实践证明，任何理想和信念，只要符合人民的愿望，找准方向，走对道路，踔厉奋发、勇毅前行，最终都是可以实现的。

作为福文化的重要组成部分，如何纳福、受福和享福，我们的先贤对此早有许多睿智的格言，道出真谛与态度。首先，享福要惜福，受福应知足。朱熹之父朱松讲过："知耻可以养德，知分可以养福。"他把"知耻"和"知分"联系起来，意在告诫人们，只有知晓廉耻并掌握分寸才可以养成自律自制的美德，从而涵养持守人生的福分；反之，寡廉鲜耻、恣意妄为，丧义失德，势必要受到惩罚，从而丧失个人福分。可见惜福之要就在于懂得知分以"养福"。其次，善于珍摄调理和保养身体。曹操在《龟虽寿》中说："养怡之福，可得永年。"这就是人们常说的"颐养天年"。颐养不仅在于适当的物质满足，如享受口福，还得有精神享受和心理健康，如享受眼福、耳福之类。这点对成年人和老年人尤其重要，在年老减少口腹之乐后，应该多一点健康的心理享受和愉悦的精神状态。人们都知道，快乐的心情、健康的精神有利于个人益寿延年。

受福、纳福终为享福，其要在惜福。古人在生活实践中逐渐明白"鬼神非人实亲，唯德是依""皇天无亲，唯德是辅"的道理，不相信单纯靠祭祀可以祈求得福，因此倡导自觉地广种福田，行善积德，以求福报。古人更劝告：留有余之福给后人，给他人。宋太祖告诫，"汝生长富贵，当念惜福"，只有修德惜福才能长享福果。古人说"绮语自知能折福"，表明沉迷于漂亮的词语、过分的恭维，会因盲目受用、受其蛊惑，而让自己折福。因而人们应常葆恭敬、戒惧之心，警惕为"绮语"所中而得意忘形。老子说："信言不美，美言不信。"对于美言尚且存有戒惧之心，不敢轻易听纳，更何况"甘脆肥浓"的口腹之欲呢？老子曾经尖锐地指出："五色令人目盲，五味令人口爽，五音令人耳聋，驰骋田猎令人心发狂。"过分沉迷于享受，耽于逸乐，非但不是享福，反而是贾祸之阶，是会让人折福的。老子的名言"祸兮，福之所倚；福兮，祸之所伏"，确是至理名言。古人以一个"淫"字概括了所有醉心于声色犬马与口腹之乐者的危机，这种过分行为必定惹祸折福。

人们一旦觉醒，道德修养提高了，发挥主观能动性，许多造福举措、造福工程都将兴起。其实，造福才是中华民族倡导福文化的根基和目标，是求福、徼福的根本之路。传说的女娲补天是神话，愚公移山是寓言，自不必说；大禹治水，奠定九州，这是上古时代人间造福的一大奇迹。中国共产党遵循自然规律，领导人民在当代的造福奇迹更是不胜枚举：红旗渠是人造"天河"，进藏铁路被视为"天路"，南水北调更是"胜天"造福，绿化沙漠、杂交水稻与海水种稻让人惊艳而觉匪夷所思，航天、探月、潜海、造岛工程都是惊世之举，脱贫解困和下山上岸的"造福工程"让亿万农户、山民、船民都过上幸福生活。这些圆了中国人多少世代的梦想，让多少中

◎ 清咸丰五福粉彩大碗

华儿女称心如意。

不止于此，中国人民放眼"一带一路"，把造福工程推向海外，受到许多国家欢迎。当代中国人以浩荡胸怀和包容精神，以不倦的奋斗和无畏的努力，"兴利致福"于全球，谋求贻福于子孙，播福于五洲四海，功莫大焉，德无量焉。

从考古发现6300多年前浙江良渚文化遗址的巨大祭坛，陕西神木石峁、内蒙古红山文化5000多年前的大祭坛遗址，到今天仍然屹立在北京市的天坛，中国数千年间祭天祈福的传统相沿成俗，不绝如缕。这证明一个历史事实，中华民族自从跨入文明门槛之后，就开始有了祭天祈福的传统，因此福文化是中华民族最具代表性的强劲文化基因。它生生不息，与中华民族同生共长，永不止息，也正未有穷期。

中华民族的最大特色是，历史上无论经历多少世代，更迭多少王朝，轮换多少皇帝，但文化脉络始终没有中断。环视全球，纵观古今，还有哪一处古代文明在几千年间没有消失或未曾中断？古埃及文明、古巴比伦文明、古印度文明，多已湮灭在历史的尘埃里，隐没在浩瀚的星空中。

中华文化传承绵延，绳继不绝，源于中华大地先后涌现出的各处原始文明，形成满天星斗式的原始文化，逐渐演进为"万邦"古国。从周初的八百诸侯，到战国七雄，再到秦始皇扫平六合，一统天下，创立郡县，规范一律的文字车轨和度量衡，建立起中国第一个中央集权的王朝。而后，他仍然忘不了要上泰山实行封禅大典，昭告天地神明，昭告天下百姓。这种祭祀天地神明，祈求福佑社稷、荫庇子孙的祈福活动遂成文化传统，上行下效，踵事增华。中华礼制不因朝代更迭、政权易姓而改变。春秋以后"礼崩乐坏"，社会变迁，而"礼失而求诸野"，祭祀以祈求福祉的活动深入民间，成为民众自觉而虔诚的礼拜和纪念活动，形成生动而热闹的民俗活动。可以说，在中国，凡是有人群的地方，就有不同形式的祈福活动，中华民俗文化由此而传承。

"石在，火种不会熄灭。"中华文明永远在族人中传承，历久弥新。

第一章

福文化的产生

福文化的产生有着广阔的社会历史背景和深厚的人文思想内涵。"福"的甲骨文造字就体现出先人的思想智慧。其字形表示，人们虔诚祭祀祈祷，祈求的内容和形式统称为"福"。人们从"福"字最初的甲骨文、金文200多个造形中可以体会到古人强烈的祈福愿望和丰富的想象力。同时也表明，在当初只有王室上层和神职人员掌握文化权力的情况下，那些巫师、贞人在卜筮中是如何发挥想象创造文字的。面对天地神灵，王公贵族们祈求降福保佑，他们认为"神嗜饮食"，亦如常人，因此用酒肉供祭，"以享以祀，以介景福"，厚祭为求大福。"卜而百福""使君寿考"，卜筮以求百福，首重长寿。古代《诗经》中关于"福"的字眼多达54处，可见古人求福之热烈。祭后之"福食""福物"要分与众人，古称"分胙"，今为散福，人们享用到的称福分或福缘，意在同享福果。

后来，随着社会进步和文明开化，人们对福的认识更加清晰，也更加深刻了，于是有了《尚书·洪范》篇中关于"五福"的解说："一曰寿，二曰富，三曰康宁，四曰攸好德，五曰考终命。"后世儒家即以此为基础，阐释人生哲学，演绎入世出仕的人生目标。其中特别强调道德修养，认为这是发自本身的致福之本，于是有了"五常""五伦"的道德说教和礼仪规范，更以立德、立功、立言作为人生的三大目标。

先民对人生"五福"的祈求，有其深刻的社会历史与思想文化背景。首先是文明历史悠久，早在五六千年前人类进入文明社会，便开始有了对人生幸福和社会文明的期盼。其次是社会特点鲜明，人们求福经历了从自在到自为的发展过程。先人自从进入农耕文明社会以后，由于生产力水平低下，受知识技术所限，面对自然环境的严峻挑战，期盼冥冥之中有超人力量的庇护，故虔诚祭祀以求之，这就是祈福的动因。由于福是无形的、不可知的，只存在于人们的感觉中，所以有福气、福运、福命之说。古代统治者借福作"神道设教"，隆礼祭祀，求佑于天地鬼神，祝愿国祚永久、国泰民安、社稷永固、子孙永继。作为农耕民族的初民，追求的是康宁吉祥、风调雨顺、五谷丰登、六畜兴旺和民生安泰。以儒家思想为核心的仁义和中庸的意识形态，正是适应封建礼教需要而提出的，所以能够长延数千年。农业民族这种祈福理念根本不同于古代草原游牧民族与海洋扩张族群的抢掠意识与霸蛮性格。

随着生产力发展和社会文明进步，人们主观上对福祉的追求更加多样，也更加强烈。先人最初概括为"五福"的，乃是对个体生命的希冀，五福寿为先，而长寿康宁这些内容唯有在和平安定的生活环境中才可能实现。所以说，福文化是先民在"以农立国"的社会背景下，在和平安定的生活环境中提出并被广泛接受的。

历史的发展使人们认识到，福文化的内涵远不止于个人"五福"，进而逐渐衍生扩大为家庭、家族、宗族乃至民族对幸福生活、美好事物和理想境遇的追求。因此在造字中出现许多与福祉同义的文字，如祯、祥、礽、�;、祺、祚、禔、禧、祜等等。康熙皇帝在给他儿子的命名中，多使用了如上带福意蕴的字眼。另外民间常用的吉语文字，还有寿、禄、安、迪、康、健、和、平、绥、靖、裕、泰、顺等与福近义的美词，许多都被采作地名或器物之名，成为永久的标记。

其实"福"本只是抽象的观念和文化符号，对个人而言，所能实现的往往只及"五福"义涵中的某些方面，多数也只在一般层次上达到。随着社会发展，福祉概念经历了历史性进化。先人们逐步意识到，人们所追求的幸福范围十分宽泛，简直无处不在，小者在于个人与家庭，大者及于国家和民族，凡人都在追求福祉。几千年来，祈福成为中华民族朝野上下、芸芸众生热衷追求的目标，历久不衰，逐渐衍化而成仪式庄重、礼节繁缛的民俗活动。世人的一切理想和追求，诸多的愿景和目标，都成为祈求对象，都是人们关心的福祉，福文化遂成泛文化的概念。

第一节 "福"字溯源

　　福文化的起源、发展及其内涵演进,一方面可以从社会生活、民风习俗中探索,另一方面则可以在思想文化、意识形态中追寻。对福祉观念的这两方面研究,在很大程度上须通过对历代积累下的文字、文本内容进行阐释与解读,从中发现其发展、演变的规律,所以对"福"字生成与含义的探讨,成为福文化研究的起点和焦点。

　　汉字的产生与发展经历了相当久远的历史。新石器时代中期(公元前 7000—前 5000 年),在仰韶文化的半坡遗址中出土的陶器上就发现有契刻符号,这些符号具有记事特点,虽还不能定义为始初文字的成形,但有其表意性功能,说明当时人们除了语言交流之外,

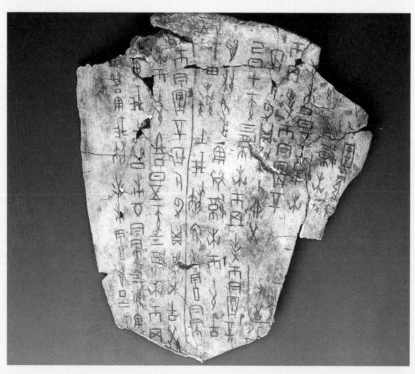

◎ 殷墟出土的甲骨

◎ "福"字甲骨文字体（于省吾《甲骨文字诂林》）

已经有了简单的符号化的沟通与交流，年深日久之后，积渐产生了原始汉字。

龙山文化（公元前3000—前2000年）是我国新石器时代晚期的一种文化遗存，其所出土的陶器上出现了明显的早期文字符号。

1899年，金石学家王懿荣发现与收藏了许多刻有文字的甲骨片，随之在殷墟挖掘出土了数量巨大的刻有文字的龟甲和兽骨。龟甲或兽骨上镌刻的文字，就是甲骨文。甲骨文的发现，使汉字研究进入更深层次。迄今发现的甲骨文字有4500多个，经过专家辨识，基本获得共识的有2500多字，包括多种"福"字。"福"字最早见于甲骨文。在甲骨文献的集成中，可以汇集出诸多样式的"福"字，据统计总共有200多个。

从甲骨文字形来看，"福"字最早展现的是一种"会意"的景象：

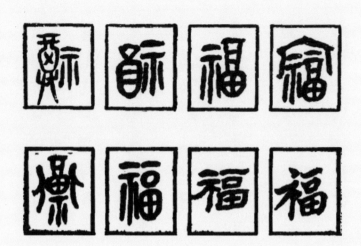

◎ "福"字字形演变

由"手""酒（酉）""示"三个部分组合而成，即表示双手虔诚地捧着酒樽（酉）来敬神（示）。可见，"福"字原意是表现以酒敬神，祈求福备（万事顺遂）。古人祭拜神祇和魂灵必用酒，盖因酒能刺激神经，让人兴奋，在醉意的迷幻中达到"通神"的目的。

"福"发展到金文阶段，有种种不同的形式，首先是该字的结构左右互换，"示"由右移到左，而"畐"由左移到右，同时金文比甲骨文还省去了捧酒樽的两只"手"（又），酒樽的样子也变了；同时，有的在"酉""示"的上头还加上房顶屋盖，表示在室内敬神祈福；"示"放到酒樽之下，两边平添了两个背对背的人（即"北"字），作为"福"字表音的声符。到了秦代小篆阶段，背对背的二人省去了，酒坛子讹变为"畐"，于是"福"便成为以"示"表意、以"畐"表音的形声字了。此后，便以小篆的构形作为基础，发展成为汉隶和楷书，而"畐"也作为富、副、幅、辐等形声字的声旁，一直沿用到今天。可以说，"福"字字形的演变，在秦汉之际基本定型。

在这些"福"字中，就有多种以"畐"字形表达的字体。这些"畐"字在《殷周金文集成》[1]一书中都有具体说明。

1　中国社会科学院考古研究所.殷周金文集成［M］.中华书局，2007.

在汉字形成的早期，"畐"与"福"是通用字；从西周到汉代，"畐"字的音义、用法都与"福"字相同。

除"畐"字外，同时期出土的甲骨文中还经常可见"酉"字。从视觉直观可以辨认出，"酉"字跟"畐"字一样，都是一种盛酒的容器。

"畐"字与酒的关联，早在周朝就很紧密。《尚书·周书·酒诰》记载了周文王与成王关于酒事的诰令：

"祀兹酒。惟天降命，肇我民，惟元祀。"（祭祀时，才饮酒。天帝降下命令，劝勉我臣民们，只有大祭时才可以饮酒。）

"饮惟祀，德将无醉。"（唯有祭祀才能饮酒，要约束自己，不能醉酒。）

"孝养厥父母，厥父母庆，自洗腆，致用酒。"（孝顺赡养父母，节庆之时烹煮丰盛的食品，可佐以用酒。）

"尔大克羞耇惟君，尔乃饮食醉饱。"（先用美食奉养长辈，才可以痛快喝酒。）

"畐""酉"等字标志着品尝、畅饮的快感和供奉、祭祀的仪礼。

"畐"字旁边所加的"礻"偏旁有多种样式，据《甲骨文合集》，有丅、丅、示等。甲骨文呈现"福"字初始的形态，《殷墟甲骨学》和《殷墟甲骨文实用字典》中列举四种有代表性的"福"字，其中三个就带有丅或示的偏旁。

关于"礻"偏旁所代表的"示"字之本义，学者们多有争议。许慎《说文解字·示部》认为，"示"是天神的征象："示，天垂象，见吉凶，所以示人也。从二，三垂，日月星也。观乎天文，以察时变，示神事也。凡示之属，皆从示。神至切。"意思是说，凡带"示"字旁的字，都包含有天神所给的征兆。现今学术界一般认为，甲骨文中"礻"偏旁的写法，表示祭祀时陈放供品的桌台。

带"礻"旁"福"字的器物，最早见于西周早期，如《殷周金文集成》中宁簋盖的铭文："宁肇其乍乙考尊簋，其用各百神，用妥多福，世孙子宝。"意谓这可用以供奉百神，礼节周到妥善，就能得

◎ 四种有代表性的甲骨文"福"字

◎ 宁簋盖铭文拓本

到诸多福分，世代子孙享用无穷。

《殷墟甲骨学》和《殷墟甲骨文实用字典》等书引以为例的甲骨文"福"字，可以用具象的图画来直观地表现。

这张示意图明晰地表现"福"字的含义：右边的容器是个"畐"或"酉"字，表示酒樽。下边是一双托起酒樽的手。左边"示"形是个台子，古代放祭品用的，称为灵石台。"福"字即是由"示"偏旁和"畐"或"酉"组成的会意字，一般理解是将一坛酒供奉在台上，祈求保佑。其实，还可以有另一层意思，即双手承托一樽酒，接受

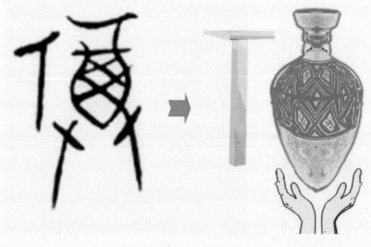

◎ 甲骨文"福"字示意图

某种恩赐赏给，同样是表达"福"的意思。

综合以上意见，可以得出总体判断，"福"的象形文字一开始就表达了两层意思：一是生活物资的拥有，二是表现祭祀祈求和尊崇的心理和行为。这构成了福文化最基础的内涵。

从字形上看，早在甲骨文时期，"福"字的表达就呈现出多种形态。我国地域辽阔，加上历史悠久，人群分布广，故上古时期"福"字的表达样式也有多种多样。据李守奎[1]的观点，"福"字存在多种样式。

汉字的形态还因记载介质不同而出现多样化，如镌刻在石头上

◎ "福"字的多种样式

1 李守奎：汉字阐释与汉字文化普及——以福字为例［J］.汉字汉语研究，2021（2）：11—29.

的称为石鼓文，镌刻在陶器和砖头、瓦片上的称为砖瓦陶文。福文化早期的观念也渗透在这些器物上。介质和物体有如生活的环境，无论环境怎样改变，"福"字总会寻找到适合的表现形态。国家语委"十三五"科研规划 2019 年度重点项目"汉字阐释的理论构建与汉字文化的普及"的阶段性成果中，就集中以"福"字为例，概括它在甲骨文、钟鼎文发展阶段纷繁多样的表达形态。

据研究，殷商时代有 200 多种"福"字表现形式，陆续在甲骨文、金文到石鼓文、砖瓦陶文中不断演进。"福"从一开始就代表着充裕的生活条件、尊养的生活观念以及对美好生活的追求和期盼。春秋战国时期，百家争鸣，思想碰撞，"福"字的书写形式和表达意涵进一步得到丰富。

文字书写的多样性反映思想观念的多样性，二者高度契合，这也反映出汉字书写发展的规律。中国字典和辞书中关于"福"字的

◎ "福"字的各种书写形式

18

注解、组词及运用，也是深入探讨福文化演进的重要线索。东汉许慎撰《说文解字》,解释"福"字含义称："福,祐也。从示,畐声。""祐",即赐福、庇佑的意思。清代段玉裁《说文解字注》解说道："备也。《礼记·祭统》曰'贤者之祭也,必受其福'。非世所谓福也。福者,备也。备者,百顺之名也。无所不顺者谓之备。"古代祭祀是为求得上天或神祖的保佑,如《左传》名篇《曹刿论战》中说："小信未孚,神弗福也。"意思是说：没有足够的忠信,神灵还是不会保佑的。祭祀完毕后,要把祭品（酒、肉）分别送人,叫作"分胙",亦即"致福""归福"之意,由此引申出"幸福"之义,用作名词,就是"福"字在今天常用的含义。

"福"字在日常生活中得到非常广泛的运用,在人的姓名和地理、地名的用字中,自古及今都被频繁使用。显然,"福"字是中国人最喜欢的汉字之一,是人们在思想意识层次的文化需求。福的思想观念深深地根植于我们的生命与生活之中。福在中华文化中的凸显,是中华民众在漫长历史过程中对福的热切追求与极力营造的成果。

古人的"五福"观念中,"寿"与"考终命"多不由人,如孔子所言"死生有命",归诸天命。但他说"富贵在天",未必尽然,此中富贵全在人为,成功与否,则诉诸命运,故孔子曰"在天"。"攸好德"自然在个人修为。而"康宁"则有外应与内求之别。"康"若指身体康健,则靠自己珍摄营卫；"宁"有二说,一为个人内心平静,二为社会安宁,均非天命所定。

第二节 祈福活动的发展与福文化的产生

福文化是以福祉为中心内容的思想意识及其物质表现。在意识形态方面,表现为从祈福到受福等种种理念与观点。其物质载体和社会动态的表现形式包括宣示、记录的标志,如书法、绘画、雕刻、造型艺术,口头、媒体表达,文体、艺术表演等；群体的社会动态表现则是以民间信仰、民俗活动为载体的各种祈福方式与内容。因此，福文化应是有关福祉内容的一切人文活动的总称。

福祉是人们终生追求的目标，也是世代祷祝的宏愿。及至面对福祉，便又有如何对待的问题。人们是从历史经验和社会生活体验中认识福祉的。因此，从古至今有了祈福、求福、谋福、造福、受福等不同阶段与层次的追求和实践。人们对徼福的认识也随意识的发展而不断提升，于是出现一方面千方百计努力造福；另一方面则是继承传统，不断持续着祈福的民俗活动，保留着徼福的思想意识。

众所周知，中华辉煌灿烂的文明是世界上唯一没有中断地发展至今的文明。这一切的存在，都基于特殊的地理环境和地形地貌，与先民自远古以来创获的维生食物密切相关，而独具特色的思想文化，更是对我们的民族精神产生深刻影响。福文化意识形态的产生，离不开中华大地独特的地理环境及历史人文传统。

一、历史背景

自古以来，中华大地广袤，山海相接。西北高大的昆仑山脉孕育出黄河、长江两大水流，行经万里，东流入海，沃灌平原、丘陵，哺育华北大平原和长江中下游平原无数生灵，肇启傲世独立的古老中华文明。

考古证明，远在炎黄二帝之前，即距今 8000 年前，先民就在华北大地上培育出粟稷。在更早约 1 万年前，长江流域的先民，就发现并驯化了水稻。稻、粟类粮食作物的发现和广泛种植，让中国从此成为农业大国，养育了世世代代中华儿女。嗣后，中国还陆续发现并驯化了更多的粮食作物品种，合称"六谷"——稻、粱、菽、麦、黍、稷；又驯化并豢养了"六畜"——马、牛、羊、鸡、犬、豕（按《三字经》的说法），既大大扩充了食物来源，也方便了对畜力的利用。

中华民族强调"以农立国"，主张"国以农为本，民以食为天"，向往和平安宁的社会环境，希望通过辛勤劳动，创造幸福美好的生活。先民意识到在"大自然"和外敌面前，自身的力量十分微弱，渴求天地、祖先等超自然力量的恩赐与护佑，由此产生了各种神灵崇拜

◎ 潘絜兹《祈福图》

和祭祀活动，这正是福文化滥觞的缘由和基础。

从上古时代起，在中华大地上，各种祭祀、祈祷活动十分盛行，不但建祠立庙以安妥神灵，而且规定岁时节序虔诚礼拜，意在取信神灵获得福佑。据载，夏、商、周三代特别重视农业生产，他们进行的祭祀、占卜活动就体现在甲骨文中。古人早知"国以农为本"的道理，故王室常以占卜为东西南北"四土"之民祈求福祉，希望雨旸适时，去除虫害，保佑庄稼有好收成。甲骨卜辞中还有许多关于农田垦辟的贞问、四土农业收成的占卜。

春秋时期，祭祀祈福活动在文献中的记载比比皆是。《左传》云"国之大事，在祀与戎"，言简意赅地道出古代政权的两件大事——祭祀与军事。发动战争多出于统治阶层对权力、土地、人口和财富的贪欲，而普通百姓期盼的是风调雨顺、物阜民安的平静生活。《诗

盈缩之期
不尽在天
养怡之福
可以永年

曹孟德诗句　赵朴初

◎ 赵朴初书曹操之《龟虽寿》

经·国风》中就有很多反映上古时代农民田园生活的诗章，如《豳风·七月》云："三之日于耜，四之日举趾。同我妇子，馌彼南亩。""春日载阳，有鸣仓庚。女执懿筐，遵彼微行，爰求柔桑。""九月筑场圃，十月纳禾稼。黍稷重穋，禾麻菽麦。""朋酒斯飨，曰杀羔羊。跻彼公堂，称彼兕觥，万寿无疆……"这首西周时的长诗，描写的是先民一年到头的辛苦劳作，从举趾下地、执耜耕田、持筐采桑，到筑场收粮、五谷登场，直至酒肉供奉、登堂祝寿，赞美和平环境中的田园生活，十分生动形象。诗中最后写到的称觥宴饮、举杯祝颂，正反映对祖先和神灵的敬奉报偿。《诗经》还有很多表现祭祀求福的场景，如《小雅·楚茨》写周王祭祀祖先，礼仪周详，求神来享，希冀降福，赐以万寿，诗曰："祝祭于祊，祀事孔明。先祖是皇，神保是飨。孝孙有庆，报以介福，万寿无疆。"这说明王室祭祀先祖，意在祈求神灵保佑，赐予子孙更多福祉吉庆，特别是万寿之福祚。

《诗经》雅、颂篇中含有大量祭祀祈福与祝颂之词，表明商周时期，王室及上层社会十分重视祭祀祈福活动。如《诗经·小雅》大田篇云"黍稷稻粱，农夫之庆。报以介福，万寿无疆"，表达出对丰收的期盼与喜庆。这也体现出先民在国家形成之后，贵族们为巩固统治政权而关注国计民生。从大禹告诫其子"民唯邦本，本固邦宁"，到周公告诫成王要知民间"稼穑之艰难"，都是如此。而且为了表示对农时的重视，周天子每年开春都带头举行春耕仪式，"亲耕"陇亩，以示劝农。统治者以神道设教，导民敬鬼神以求福祉，则全社会蔚然成风，久之成俗，开启了中国社会几千年的祭祀祈福传统。凡此种种都说明，我国从上古时代开始，祈福活动就十分广泛而且虔诚。这种全社会弥漫的祈福敬神的浓厚氛围，为福文化的孕育提供了明确契机和深厚土壤。此后，在长期的历史演进过程中，福文化积渐形成，并广泛传播于族群之中，发展为中华民族最具特色也最具广泛性的思想文化。

二、人文背景

先民出于对农业生产收获和丰裕安宁生活的执着追求，在感觉自身无力抗衡自然力时，寄希望于天地鬼神的护佑，这就是古代祈福活动频繁出现并产生广泛影响的原因。自古以来，不论朝野、贵贱，对福祉的追求，是普遍一致的。这种思想意识，产生于人的主观追求，更因为礼制的出现和儒家思想的推动，进一步理性化、系统化，最后固化为福文化的意识形态。通过广泛而持久的祈福、祝福活动，"福"逐渐成为一种无处不在、随处可见的文化符号，广泛存在于民间信仰、民俗活动、岁时节庆、人生礼仪乃至人们的禁忌避讳之中。

福祉观念的产生，源于先民对和平、安定、幸福生活的追求，这从"福"字的造字就可以看出。祈福活动本身就是先民向天地鬼神敬献酒肴食物的一种礼仪活动。这一活动发祥甚古，应是在人类走出历史童年，脱离蒙昧状态之后的有意识之举。"福"字所描绘的是祭祀活动中先民的诉求，即生存、繁衍、丰收、和乐等。这说明祈福是先民思想意识的表达方式之一。"福"一开始就成为中华文化的基因，融入中华文化的血脉之中，传承至今赓续不断，播扬广泛而深入人心。

上古先民已经意识到，自己的生存源于大自然的馈赠，也来自祖先的荫庇，故而产生敬畏天命、敬畏自然的自觉行动。对于自己的祖先，因系直接的血脉传衍和世代嗣续的关系，更容易产生特别的敬畏、崇拜之情。古人认为，祖先虽逝，还有灵魂伴随左右，虽无形影声息，却依然监护着家人。大自然（天地山川）虽然幽渺杳远，也时刻在"监临下民"。因此，人间的善恶祸福，均逃不出它们的"视野"。它们会以各种方式发出警告，显示预兆，所以有了以"天变""梦魇"兆示的说法。当然古代也有聪慧明智之士，认为"天视自我民视，天听自我民听"，体现了早期人性觉悟和"人本"思想，但祭祀、祈祷活动依然代代接续，相沿不替。

祈福一开始是先民的自发行动，王室为神道设教也刻意倡导，久而久之，形成系统而规范的动作和繁缛的程序，引导活动的全过程，这就产生了"礼乐"制度。古人称"礼别尊卑，乐殊贵贱"，祭仪明确反映了社会的等级制度。为了敬神，不单有丰厚的祭祀礼品，还要有音乐和舞蹈，用以娱神，亦以自娱。祭祀有专门的场地，祭祀者常修建宏大的祭坛或庄严的殿宇，那些舞台和仪礼也随历史发展和生产力进步而不断踵事增华。对于这些现象，历史的记载或传说多有涉及，考古调查更有惊人的发现，如在中原地带和长江中下游地区都发现有距今五六千年前的礼器；在陕西石峁、浙江良渚、内蒙古红山、河南仰韶等地，发现有四五千年前的大型祭祀遗址，还发现有距今6000年前的酿酒遗址和同时出现的酒器。礼制的出现，表明祭祀活动已经常态化、规范化，并对商周王朝敬天法祖思想与其后儒家仁礼并重、忠孝善行以及德治仁政思想的形成产生极为深远的影响。可以说，我国传统的礼乐文明正是通过祭祀祈福活动而产生并传播开来的。

传说我国礼制乃黄帝创制，若此则时间在5000年前，是礼制的滥觞阶段。至三代（夏、商、周）时期，礼制已有明显的发展，表现为王室对祭天祀祖的虔诚。如商王室信奉"敬天保民"，所以商王多以修德勤政、爱民宽民为务。《吕氏春秋》载，成汤曾以卜筮问吉凶，卜者曰"吾闻祥者福之先者也，见祥而为不善，则福不至"，明确指出上天赐福之先以祥兆示人，故王者应为善而徼福。商朝贤王注重修德，宽政恤民，一面祈福，一面修政，二者结合以求福祉。求福祉离不开祭祀祈祷，故福在本质上是一种祭祀活动，其发祥亦源于祭祀，故三代之人皆重祭祀以求福祉。

据儒家记述，3000年前周公"制礼作乐"，形成完整的礼制，这是我国礼乐制度创制的里程碑，福文化也由此滥觞。周人信天命，认为上天会赐福祉于王室与下民。天子、王室和诸侯应该谨慎修德，通过祭祀和祷告上达于天，以求降福。周人反复申言，要"明德慎罚，敬天保民"，强调"皇天无亲，唯德是辅"，"永言配命，自求多福"。一方面请求上天赐福，一方面要求主政者应重视修德，尽人事求福祉。

礼制成为儒家思想的源头，孔子的说教很多都是针对礼制而发的，他强调："悠悠万事，唯此为大，克己复礼。"礼制的本质是维护社会秩序，孔子身处春秋时期，眼见礼崩乐坏、王纲解纽，感到痛心疾首，为此四处奔走，竭力呼吁要"克己复礼，天下归仁"。但在当时社会动荡、尊卑易位的形势下，想逆势而行是根本不可能的，他因此抱终天之憾。至汉武帝时，实行"罢黜百家，独尊儒术"的政策，儒家学说被"定于一尊"，开始大行其道。汉王朝提出"以孝治天下"的口号，引导黎民百姓善守孝道，秉持人伦道德，维护社会秩序。循此继进，儒家思想成为2000多年间中国社会的主流思想，保障了中国作为"超稳定社会结构"的长期存在，中华文明由此代代相继，绵延至今。

汉代以后，儒家思想渐居主导地位，福祉思想内容也进一步丰富、扩大，开始倡导忠孝之道，朝廷更推动"以孝治天下"的政治理念。《礼记·祭统》云："贤者之祭也，必受其福。非世所谓福也。福者，备也；备者，百顺之名也。"认为践行贤孝之德，并坚持祭祀，必受其福。福乃百顺之名，诸事顺心遂意自然是受福的结果。所谓百顺，乃指"上则顺于鬼神，外则顺于君长，内则以孝于亲"。贤者出于孝道祭祀受福，因敬事鬼神、顺天而为，即忠君、孝亲而获福。这里开始提出忠孝的道德观念，以之作为受福的依据。汉代匡衡"福之兴莫不本乎室家，道之衰莫不始乎梱内"之语，指明为人孝顺是家庭兴旺幸福的前提条件，后世更有"百善孝为先""家和万事兴"之说。忠孝遂成为后世恒久的箴诫，也是家风的根本。宋儒更提出"孝、悌、忠、信、礼、义、廉、耻"八德作为人们修身养性、齐家治国的道德要求，这更是对福祉思想的丰富与发展。

在我国传统文化的延续发展和递邅更新中，一脉相承而万变不离其宗的，是人们对福祉的追求。这种追求是通过勤奋劳动、艰辛拼搏来实现的，由此造就的国民性格是和合中庸、与人为善的。历史上，我国人民不断进行的敬天奉祖的祭祀，对爱国为民英杰的纪念，都是本着祈福禳灾的期望而发的；对于岁时节庆和人生礼仪的庆典和祝颂，也是本着对幸福生活的祷祝、对农事收获的喜庆而发的。总之，为祈福而祭祀，为祝福而颂赞，为谋福而思虑，为造福而奋斗，为惜福而劝勉，中华儿女将对福祉的追求，演绎发展为完满周圆的福文化。这是儒家"推己及人"仁爱思想发展的必然结果，也是基于继承农耕传统和儒家理念发展而来的当今祈福意识的历史根源。

在中华民族悠远的历史背景和辽阔的疆域范围内，古老文明每前进一步，无论是作物的进化、民生的进步、香火的延续，还是文字的创制、礼制的定型，都是中华文明发祥与发展的例证，也是社会进程的标志。经过数千年发展，福文化深入社会细胞之中，融进每个人的血液之内，成为深固难拔的生活常态和大众信仰。世易时移，文明开化，如今人们已不再止步于祈福禳灾、祷祥避邪的虚幻之举，而是着力于谋福造福以普惠众生、惜福珍享以提升福祉的实践。福祉观念已由农耕社会的初民直觉、农业民族的理想信仰，衍生为福文化的意识形态，影响至巨至广。因此可以说，中国独特的福文化深深植根于我国博大精深的传统思想文化之中，具有深厚的思想文化基础和坚实的理论根基。

时至今日，福文化也从古代的祭祀祈福典制，一变而为百姓共享福果的敷佑风尚。福文化已成为大众不自觉的信仰、有意味的口语，弥散在人们日常生活的各个角落。人们把它作为各种艺术创作的资源，通过各种物质与非物质的文化形态与文化符号表达出来，比如书法、绘画、雕刻、建筑、文学、美术、戏曲、音乐、舞蹈……诸凡人类想象力、表达力可及之处，都是福文化托身栖止之所。只要人们肢体可触、耳目可及之处，都可感受到浓郁的福文化氛围。

第三节　从祭祀肇端的中华文化

　　中华文化源远流长，从五六千年前先民迈进文明门槛开始，不但发明祭祀祈福的精神文明与信仰意识，而且循此继进，创造了甲骨文字、礼乐制度，造就了最初的知识群体巫、史、卜、祝。由此发端的中华文化，不但有了文明记录的载体，而且有了规范的秩序、伦理、规则和纪律，终而出现了传承、传播上古文明的知识分子。在此基础上，在自由的学术氛围中逐渐产生了最初的学术文化，形成诸子立说、百家争鸣的局面。中华文化由此蓬勃发展，惊艳于世界。

　　由祭祀祈福活动而发明的文字，记录了先人的思想、追求、问询和社会活动，如战争、生产、生育、年成、水旱、雨旸、气候等等。

　　上古先民的祭祀活动和祈福行为，不期而产生的积极成果就是中华文化。

一、上古先民的祭祀祈福活动，顺应地产生了文字

　　商周时期的祭祀祈福活动，是由其王室专职的巫、史、卜、祝主持并记录的。钻灼龟甲牛骨，审视裂纹、观察走向，作出吉凶否泰、是非可否的判断，久而久之，这些占卜的规律性答案或结论刻在龟甲上，就形成了最初的表意符号，积渐成为文字。历史学家研究认

为,早在商代前期,中国已经形成了成熟的文字体系。学界的共识是,至少到商王武丁时代早期(即距今 3200 多年前),殷商文字就已发展成熟,具备了后来汉代学者所概括的"六书"造字特征,在文字的形、音、义等方面均已定型。因此学者们认为,殷墟出土的甲骨文是迄今为止中国发现的年代最早的成熟文字系统,是汉字的源头。由此可见,古人原初的祭祀祈祷活动,不仅是中华民族迈进文明门槛的第一步,成为中华民族文明的基因和标志,而且甲骨卜祀的记录作为先人表达思维意识的符号,就是汉文字的滥觞,由此奠定了汉语思维的基础,这是殷代文明的伟大创造。可以说,福文化的产生,标志着先民已经跨越蒙昧与野蛮阶段,出现自我意识的觉醒,由此发明了表达意识内容的载体,跨入文明的门槛。这一成就如同开凿鸿蒙、盗取天火那样的惊世壮举,产生了巨大的反应。《淮南子》载:"昔者仓颉作书,而天雨粟,鬼夜哭。"当然把汉字的发明归功于个人是不可信的,说他是"观鸟迹虫文始制文字"也不符合事实,以之比喻产生惊天地、泣鬼神的奇效,则近似之。

二、随着祭祀祈福活动出现的就是礼乐和礼仪制度

祭祀祈祷是一项神圣肃穆的活动,其礼仪和节序也是历经累积而逐渐周密的。祭祀过程不但有渐趋繁缛的程序,更有严格的伦理次序和行为规范,先民以为非如此不能表达对天地神祇和祖宗神灵的恭敬景仰之情。古人认为,人类与天地和谐共生,逝去的先祖依然有灵魂伴随左右,因此自己的一举一动、所思所求都可以告诉、祈求于天地鬼神。传说天地鬼神会赐福降祥于下民,祖宗神灵也会庇佑自己有孝思的子孙,以满足他们的诉求。祭祀是祷告的一种方式,也是必要的仪式,由主祭官统一指挥,按部就班,恭敬肃立,跪叩鞠躬,行礼如仪。众人的班次按爵秩尊卑、血缘亲疏排列,行礼依号令起兴进退;过程还伴有音乐,鸣钟击鼓、敲磬弹奏、祝颂吟唱,庄严而热烈,让人产生敬畏、思慕和缅怀之心。

古人云："礼别尊卑，乐殊贵贱。"庙堂之上、宗祠之中，最讲究的就是贵贱、尊卑，因此礼乐制度是我国传统社会的重要标志，礼乐文化是中华文化的源头，其流风余韵绵延传承，至于今日。因为礼仪制度肇端于上古的祭祀活动，所以历史悠久；其内容虽已由繁趋简，但其形式或程序仍相沿而成俗，留存于民俗活动之中。

中华文明的两大基本标志文字和礼制，都源于上古初民时代的祭祀祈福活动，有力地证明中华福文化历史悠久，影响深远，对文明的产生发挥了巨大的启导和推动作用。嗣后，诸子学说、古典文献正是借助文字的表述而流传播扬的；儒家从巫使的身份脱胎而出，成为专司整理、诠释和传播古代坟典文献的群体。商周以后中华文明的迅速发展与广泛传播，颇赖儒家与诸子学者的精心撰著与热情教化。

三、在祭祀祈福活动的基础上造就了一批专业知识人士

随着活动内容的繁复、要求的提高，那些主持祭祀祈福活动的巫使等人也在充实知识，传承业务，扩大队伍，在世代传衍中形成可观的群体。有专家认为，这一群体的人就是后世儒者的滥觞。汉代许慎《说文解字》称："儒，柔也，术士之称。"唐代颜师古曰："凡有道术者皆称儒。"这实际上正如今日所称之"学者"。上古占卜过程和对占卜结果的释读、解说，包含了广泛的内容，涉及许多领域，因此而培养出了具有多方面知识的人才。随着时代的推移、社会的进步，层累地积聚起来的知识，分野成多种学科与门类的专业文化。由此经过夏、商、周三代1000多年的知识积累，其丰富与深刻程度可以想见。因此到春秋战国时期，社会动荡，王纲解纽，再无知识垄断与神道设教的思想钳制，自由的思想研究与知识传播，开明的学术交流与学派争锋，形成我国历史上第一次诸子立说、百家争鸣的兴盛局面。人们可以设想，没有以前长期的学问积累和人才储备，没有旧有专制制度的解体和常态传播、自由争鸣的社会文明条件，如此文化盛世还能出现么？福文化在其肇始阶段因为促成了众多学术群体的形成，如儒、墨、道、法、兵、农、名、医、杂、纵横、小说等上百种学术门类，中国文化因此空前繁荣。

由上可见，中华福文化由祭祀祈福发端，进而有文字出现、礼仪制度产生，更进一步而有作为知识载体和文化传播者的出现，这一系列文明事象与文化形态的存在和发展，正是中华文化生生不息、延绵不绝，而且日渐壮大的历史进程和内生动力。

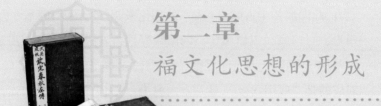

第二章
福文化思想的形成

殷商末年，周武王举兵伐纣。牧野决战，武王攻入商都朝歌，商朝覆灭。武王建周后，访道太行，向殷商遗民箕子询问殷商灭亡的原因，并请教治国理政的道理。箕子于是便将夏禹传下的"九畴"向武王讲述，史称"箕子明夷"。其中，后世广为人知的"五福"即位列"九畴"之九，此即流传千古的"五福"的理论来源。"五福"的基本内容："一曰寿，二曰富，三曰康宁，四曰攸好德，五曰考终命。"其基本含义就是通过寿、富、康宁、好德、善终五福劝导人修德向善。与"五福"对应的是"威用六极"，其基本内容为："一曰凶短折，二曰疾，三曰忧，四曰贫，五曰恶，六曰弱。"其含义是通过夭折、多病、忧愁、贫穷、丑恶、懦弱"六极"，来警示和劝诫人们不要从恶。

此"九畴"实为治国理政的完整理论体系，且被视为福文化的理论源头，后儒对此有着诸多不同的理解与诠释。要了解"五福"的内涵及意义，先得从汉唐诸儒对"九畴"的阐释说起，而以朱子为代表的宋明理学家的解读最具代表性。

春秋战国时期是中国思想文化史上辉煌灿烂、群星闪耀的时代。其时，诸子百家在哲学、政治、经济、军事、教育、文化等诸多领域纷纷建立学说体系，宣扬各自主张，相互争鸣，形成盛况空前的思想文化繁荣昌盛的局面。当时主要的思想流派如儒家、道家、墨家、法家等，都或多或少涉及对"福"的论说，为福文化的形成奠定思想基础。循此继进，历代学者对于福祉内容及徼福途径与徼福活动都进行了深入探讨和具体阐述，不断丰富福文化的内涵。

第一节 先秦儒家论福祉

在中国传统思想文化发展过程中，儒家经典与学说的影响无疑是最大的。《四库全书总目提要·经部总叙》称，"经禀圣裁，垂型万世，删定之旨，如日中天"，可见其尊崇地位及巨大影响。

儒家的福祉观立足于人的道德修养和人生理想（人生价值）之上，认为道德完美是个人实现幸福的根本途径。儒家的祈福理论讲的是"以德致福"、修德求福，因为德与福是有前因与后果关系的，德福和谐统一是儒家福祉观的主旨和理论核心。商周时期，王室迷信天神地祇、祖先鬼神，因而盛行祭祀占卜，旨在敬天保民、禳灾祈福，这在先秦文献与文学作品如《尚书》《诗经》中都有很多记述。这些说明，儒家思想的源头来自商周时期上层统治者的思想意识，其后相沿承传，不断丰富发展，再经诸子学者总结归纳、演绎诠释，形成完整的思想体系。

倒是儒家创始人孔子的教言中鲜少直接谈"福"，只有在《礼记·礼器》中记载孔子的一句话，"我战则克，祭则受福"，说的也是通过祭祀以祈受福的道理。值得注意的是，孔子把祭祀与战争并列，表达的还是为国家大事而行的目的。

在福文化的形成过程中，儒家经典学说同样具有主导性的影响力，对福的论析也更为丰富，更为精彩。孔子在整理"五经"的过程中，

◎ 孔子行礼图，见韩国首尔大学奎章阁藏《孔夫子圣迹图》

分别阐明福祉原理，其所主张的"克己复礼"和"仁爱""德行"思想，表现出儒家"修德致福"的主体思想。经过孟子的继承和发展，更有"仁义"之说形成，同时为了论证其"性善说"，更提出人有与生俱来的四种"善端"，扩充和完美善端，可修养形成仁、义、礼、智四种美德。这些都成为个人以德修身、以德致福的思想理论基础。因此可以说，儒家思想为中国福祉文化奠定了思想基础。

一、《周易》论福祉

位居群经之首的儒家经典《周易》，"福"字于经传中全文共11处（《小象传》引经文重出者3处），比如：

《泰》卦九三爻辞："艰贞无咎，勿恤其孚，于食有福。"

《谦》卦《彖传》："天道亏盈而益谦，地道变盈而流谦，鬼神害盈而福谦，人道恶盈而好谦。"

《晋》卦六二爻辞："晋如愁如，贞吉，受兹介福，于其王母。"

《困》卦九五爻《小象传》："利用祭祀，受福也。"

《井》卦九三爻辞："可用汲，王明，并受其福。"

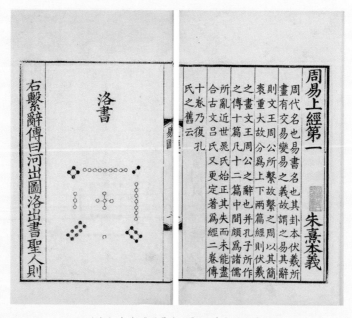

◎（宋）朱熹《周易本义》，清光绪刻本

《小象传》：“求王明，受福也。”

《系辞传》引孔子语：“子曰：小人不耻不仁，不畏不义，不见利不劝，不威不惩。小惩而大诫，此小人之福也。”

就经传文本所涉及的“福”字及其含义来看，主要是指福由上天（天道）、神明赐予，人们相应地得以“受福”“致福”“得福”。《周易》以阴阳爻画组成的六十四卦符号象征体系、由卦爻辞组成的文字说明体系，以及配合着对“经”部分进行哲理阐释、发挥的《易传》部分，构成了“以通神明之德，以类万物之情”“范围天地之化而不过，曲成万物而不遗”的传统文化原典，将福纳入考察阐释。虽然其直接的阐述内容不多，但如果我们把福与祸的观念，与《周易》经传中的吉凶悔吝的推阐、评判结合起来，便可以发现其中诸多启发意义。

二、《尚书》论福祉

儒家核心经典《尚书》，是我国最早的一部历史文献汇编，也是历代儒家传习的基本书籍。《尚书》中出现“福”字共有6处，试举几例。

《商书·汤诰》有：“天道福善祸淫，降灾于夏，以彰厥罪。肆台小子，将天命明威，不敢赦。”

《商书·盘庚上》有：“兹予大享于先王，尔祖其从与享之。作福作灾，予亦不敢动用非德。”

《周书·君陈》有：“允升于大猷，惟予一人膺受多福，其尔之休，终有辞于永世。”

《周书·毕命》有：“三后协心，同厎于道，道洽政治，泽润生民，四夷左衽，罔不咸赖，予小子永膺多福。”

值得注意的是，《尚书·洪范》中提及的“五福”及其相应的解说，通常被视为福文化理论源头。《尚书》所记载的箕子为周武王陈述的洪范“九畴”，被推崇为古代圣王流传下来的经世大法，历代学者进行过非常丰富的阐释，乃至于形成独特的“洪范学”体系。其文曰：

我闻在昔，鲧陻洪水，汩陈其五行。帝乃震怒，不畀洪范九畴，彝伦攸斁。鲧则殛死，禹乃嗣兴，天乃锡禹洪范九畴，彝伦攸叙。初一曰五行，次二曰敬用五事，次三曰农用八政，次四曰协用五纪，次五曰建用皇极，次六曰义用三德，次七曰明用稽疑，次八曰念用庶征，次九曰向用五福，威用六极。……五福：一曰寿，二曰富，三曰康宁，四曰攸好德，五曰考终命。

此后五福概念形成，历代不断演绎。

孔颖达《尚书正义》疏解曰：

"五福"者，谓人蒙福佑有五事也。一曰寿，年得长也。二曰富，家丰财货也。三曰康宁，无疾病也。四曰攸好德，性所好者美德也。五曰考终命，成终长短之命，不横夭也。……五福、六极，天实得为之，而历言此者，以人生于世，有此福、极，为善致福，为恶致极，劝人君使行善也。五福、六极如此次者，郑云："此数本诸其尤者。福是人之所欲，以尤欲者为先；极是人之所恶，以尤所不欲者为先。以下，缘人意轻重为次耳。"……人之大期，百年为限。世有长寿云百二十年者，故传以最长者言之，未必有正文也。人所嗜好，禀诸上天；性之所好，不能自已。好善者，或当知善是善。好恶者，不知恶之为恶，谓恶是善，故好之无厌，任其所好。从而观之，所好者德，是福之道也。好德者，天使之然，故为福也。郑云："民皆好有德也。"王肃云："言人君所好者，道德为福。"《洪范》以人君为主，上之所为，下必从之，人君好德，故民亦好德，事相通也。成十三年《左传》云："民受天地之中以生，所谓命也。能者养以之福，不能者败以取祸。"是言命之短长虽有定分，未必能遂其性，不致夭枉。故各成其短长之命以自终，不横夭者亦为福也。[1]

后世论五福的含义，大体上不离长寿、富裕、健康、品德高尚、不遭横夭这五项基本内涵。五福之说包含了人生的基本追求，比较全面而系统，因而成为源头，为后世论人生者所祖述，遂成为福祉的基本定义。我们今天常说的"五福临门"，仍然指五个吉祥的祝福：寿比南山、发财致富、健康安宁、品德高尚、善始善终。值得注意

1　（汉）孔安国传，（唐）孔颖达正义，黄怀信整理：尚书正义［M］.上海古籍出版社，2007：478–479.

◎ （唐）孔颖达《尚书注疏》，明崇祯刻本

的是，"五福"思想的基本内涵除了人生追求的寿富康宁之外，还包含了"德福一致"，倡导个人修为的主张，把道德观与幸福观结合起来。这为后世福文化的开浚源头打下基础，影响十分深远。

三、《诗经》论福祉

《诗经》是我国第一部诗歌总集，收录了西周初期到春秋中叶500年间的诗歌作品305首。孔子整理并以《诗》书授徒，《诗经》遂成为儒家经典。今查检《诗经》305首，约38500字，其中"福"字出现54次，试举几例。

《诗经·周南·樛木》："南有樛木，葛藟累之。乐只君子，福履绥之。南有樛木，葛藟荒之。乐只君子，福履将之。南有樛木，葛藟萦之。乐只君子，福履成之。"

《诗经·小雅·天保》："俾尔单厚，何福不除？""降尔遐福，维日不足。""神之吊矣，诒尔多福。"

◎《诗经》，清刻本

《诗经·小雅·小明》："神之听之，介尔景福。"

《诗经·小雅·楚茨》："以妥以侑，以介景福。"

《诗经·小雅·信南山》："先祖是皇，报以介福，万寿无疆。"

《诗经·小雅·甫田》："黍稷稻粱，农夫之庆。报以介福，万寿无疆。"

《诗经·小雅·瞻彼洛矣》："君子至止，福禄如茨。""君子至止，福禄既同。"

《诗经·小雅·桑扈》："不戢不难，受福不那。""彼交匪敖，万福来求。"

《诗经·小雅·宾之初筵》："既醉而出，并受其福。"

《诗经·大雅·假乐》："干禄百福，子孙千亿。"

《诗经·周颂·烈文》："烈文辟公，锡兹祉福。"

《诗经·周颂·执竞》："钟鼓喤喤，磬筦将将，降福穰穰。降福简简，威仪反反。既醉既饱，福禄来反。"

《诗经·周颂·丰年》："为酒为醴，蒸畀祖妣，以洽百礼。降福孔皆。"

从上述篇章摘录可见，《诗经》的《国风》篇只有《樛木》一首出现 3 次"福"字；《雅》篇涉及 19 首共出现"福"字 38 次；《颂》是宗庙祭祀的颂歌，有 9 首共出现"福"字 13 次。根据《诗经》中《风》

《雅》《颂》三个部分出现"福"字的频率，可以了解当时福文化的覆盖范围。相对而言，在社会上层的正式庆典场合"福"字出现较多而且意涵也比较突出，而在民间的、生活的层面出现较少。

《诗经》原是公元前11至前6世纪约500年间先民的咏唱记录，穿越了数千年时空，至今仍回响在我们耳畔，而经学化的《诗经》，经过历代儒家学者的阐释，又融汇了丰富的礼乐教化的蕴意。

《诗经》保留着许多春秋时期社会文化的重要资料，生动记录了福文化在当时的各种表现形式和民众的情感体验，体现人们对福祉的理想追求。它有着丰富而重要的思想文化内涵，因而是福文化的源头。从《诗经》中含"福"诗句的表现情况来看，《周南·樛木》，是一首表达祝福的诗歌，以南方生长的高大树木被葛藤攀缘缠绕为诗歌的起兴，表达对君子的喜爱之情、祝福之意。诗作中反复出现"乐只君子，福履绥之"二句，"福履"意同"福禄"，表现作者对君子获得福祉和爵禄的祝愿。《小雅》与《大雅》中，出现"福"的诗句最多，《颂》中也出现较多含"福"的诗句。福禄连用成词组，在此已经多次出现。"遐福"指久远之福，"景福"指洪大之福，"祉福"也是幸福的美称，"多福""百福""万福"则是强调福的数量，"求福""降福""受福""福来""以介景福""降福无疆"等则表现出热切的期盼和美好的祈愿。含"福"的诗句，结合其全诗的赋比兴的

◎ （清）吴大澂篆书《诗经》

咏唱方式，渲染了福祉的美好祥瑞意蕴，也为中华民族传统福文化的形成提供了重要依据。

孔子说："《诗》三百，一言以蔽之，曰'思无邪'。"他评价《诗经》是真诚的、质朴的情感表达，是对《诗经》思想内容的肯定。由于《诗经》是通过采集、记录而取得的社会生活文本，主体明确，吟唱的都是作者的亲身感受，比较鲜明地表达了人们对社会整体的美好愿景和个人愿望，呈现出中国人在王权时代社会进程中具有的合群意识和整体的民族性诉求。这些正是我们理解福文化的可贵元典资料。《诗经》反映了那个时代人们追求福祉的主要内容和精神感受，因而是福文化发展史上的重要里程碑。

四、"三礼"论福祉

儒家经典中，《周礼》《仪礼》《礼记》合称"三礼"，它们构成了儒家礼文化的基础，规范了礼文化的形态，阐释了礼文化的内涵。

《周礼》居于三礼之首，以建国立政设官的制度安排为框架，通

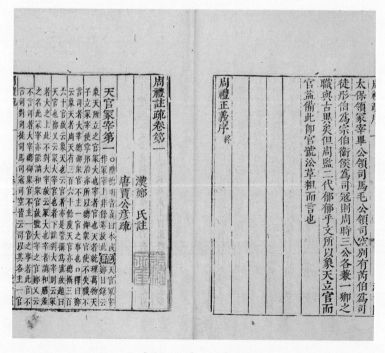

◎《周礼注疏》，明崇祯刻本

过对六大官职系列 300 多个职官职能的叙述，全面汇集了古代政治、经济、军事、法律、文化、教育等领域的制度安排，是托古制以寄寓政治、礼法思想的著作。《周礼》中所见之"福"如下：

《天官冢宰第一》："以八柄诏王驭群臣：一曰爵……五曰生，以驭其福……八曰诛，以驭其过"，"凡祭祀之致福者，受而膳之，以挚见者亦如之。"

《春官宗伯第三》："大祝掌六祝之辞，以事鬼神示，祈福祥，求永贞。""都宗人掌都祭祀之礼。凡都祭祀，致福于国。""家宗人掌家祭祀之礼。凡祭祀，致福。"

《秋官司寇第五》："间问以谕诸侯之志，归脤以交诸侯之福，贺庆以赞诸侯之喜，致禬以补诸侯之灾。"

《冬官考工记第六》："祭侯之礼，以酒脯醢。其辞曰：唯若宁侯，毋或若女不宁侯，不属于王所，故抗而射女。强饮强食，诒尔曾孙。诸侯百福。"

其中"以驭其福"是冢宰的管理职能，春官（礼官）管领职官的"祈福""致福"、秋官"交福"、冬官"诒福"，是通过祭祀等方式祈求上天、鬼神、祖先施福于诸侯、福佑其子孙。另则有以福为祝颂之辞，旨在溥施于天下万方，可见福文化的普惠性质。

《仪礼》一书，主要记载古代贵族从成人、婚嫁到丧葬的各个人生阶段中的行为规范和礼仪，包含了社会交往、宴飨、朝聘、乡射、大射等各种政治和社交活动中的种种礼仪规范。《仪礼》是中华民族礼文化传统的主要载籍，对社会生活影响至深。中国古代历朝礼典的制定，多以《仪礼》为依据。如《仪礼·士冠礼》中出现："始加，祝曰：令月吉日，始加元服。弃尔幼志，顺尔成德。寿考惟祺，介尔景福。""再加曰：吉月令辰，乃申尔服。敬尔威仪，淑慎尔德。眉寿万年，永受胡福。""三醮曰：旨酒令芳，笾豆有楚。咸加尔服，肴升折俎。承天之庆，受福无疆。"可见，祝"福"的辞句在各种仪式礼节中的运用十分普遍。

◎《仪礼经传通解》，清康熙刊本

《礼记》是战国至秦汉间儒家学者阐释、解说、发挥经书《仪礼》思想内容的文章选集，是围绕礼乐主题的儒家思想的资料汇编，涉及政治、法律、哲学、历史、祭祀、文艺、历法、地理、日常生活等诸多方面。《礼记》中涉及福的内容有：

《曲礼下第二》："非其所祭而祭之，名曰淫祀。淫祀无福。"

《月令第六》："季夏之月……令民无不咸出其力，以共皇天、上帝、名山、大川、四方之神，以祠宗庙、社稷之灵，以为民祈福。"

《礼器第十》："是故君子之行礼也，不可不慎也；众之纪也，纪散而众乱。孔子曰：'我战则克，祭则受福。'盖得其道矣。"

《郊特牲第十一》："求服其志，不贪其得。故以战则克，以祭则受福。"

《少仪第十七》："为人祭曰致福。"

《乐记第十九》："是故先王有大事，必有礼以哀之；有大福，必有礼以乐之。"

重要的是《曲礼》所指出的"淫祀无福"，原因在于"非其所祭而祭之"，说明祭祀要选择对象和目标。以上数则涉及"福"的词句，皆与祭祀、礼乐的行为规范相关。《哀公问第二十七》中记载："公曰：'寡人既闻此言也，无如后罪何？'孔子对曰：'君之及此言也，是臣之福也。'"是一般意义上的使用。《坊记第三十》曾引《周易》卦爻辞："易曰：东邻杀牛，不如西邻之禴祭，实受其福。"《表记第三十二》曾引《诗经》词句："诗云：莫莫葛藟，施于条枚；凯弟君子，求福不回。""诗云：唯此文王，小心翼翼，昭事上帝，聿怀多福，厥德不回，以受方国。"

值得注意的是，《礼记》中有几处对"福"的论述，阐释并发挥了福的内涵、属性、特征、功用。如《郊特牲第十一》："富也者，福也。首也者，直也。"《祭统第二十五》的论述更为深刻，其文曰：

> 唯贤者能尽祭之义。贤者之祭也，必受其福，非世所谓福也。福者，备也。备者，百顺之名也，无所不顺者谓之备。言内尽于己，而外顺于道也。忠臣以事其君，孝子以事其亲，其本一也。上则顺于鬼神，外则顺于君长，内则以孝于亲，如此之谓备。唯贤者能备，能备然后能祭。是故，贤者之祭也，致其诚信与其忠敬，奉之以物，道之以礼，安之以乐，参之以时，明荐之而已矣。不求其为，此孝子之心也。

这里以婉转阐释的方式，将福与忠孝、礼乐的伦理观念以及德行修养加以联系，体现出儒家对于福祉内涵的新发挥。再如《中庸第三十一》曰：

> 至诚之道，可以前知。国家将兴，必有祯祥；国家将亡，

◎《礼记正义》，民国印本

必有妖孽。见乎蓍龟，动乎四体。祸福将至：善，必先知之；不善，必先知之。故至诚如神。

《礼记·中庸》阐释"诚"的概念，与上述"祭统"篇中所说的"顺于道""致其诚信与其忠诚"一样，都是对福祉概念的诠释与发挥，颇具深刻意蕴。"至诚如神"，能够预知"祸福将至"，也是对福祸形态认识的拓展。

五、《春秋左传》论福祉

据传，孔子根据鲁国史书记载删定而成《春秋》，以特殊的"春秋笔法"，用微言阐大义，寄寓了独特精辟的政治伦理思想。《春秋》是我国流传至今最早的一部编年体史书，因为记述简约、行文疏质，后人致力于对其注释与延展，遂有"三传"（《公羊传》《谷梁传》《左传》）出现。其中《左传》的影响最大，代表着先秦史学著作的最高成就，是研究先秦历史的重要文献。

《左传》作为《春秋》三传之一，以《春秋》记事为纲，按照鲁国十二公的先后次序，将《春秋》中简短的文字记载，演绎为丰富

◎《钦定春秋左传》，清道光刻本

完整的史事叙述，成为记载史料的皇皇巨著，展示出春秋时期风云激荡的社会画卷。《左传》记述各国的分合征伐、重大事件、众多人物和社会历史变迁，内容包括当时的礼仪规范、典章制度、风俗民情，乃至天文地理、历法律令、道德观念、神话歌谣等，保存了极为丰富、弥足珍贵的政治、经济、军事、教育、思想、文化等多方面的史料，是中国历史上第一部大规模的叙事性著作。《左传》作为儒家经典，其思想文化的地位和影响力，在当时是无与伦比的。《左传》中也记载了丰富的关于福文化的思想内容。据统计，《左传》共约 19 万字，其中散见许多含"福"的词句，下文略举几例。

《左传·庄公四年》，邓曼叹曰："王禄尽矣。盈而荡，天之道也。……若师徒无亏，王薨于行，国之福也。"

《左传·僖公四年》，屈完对曰："君惠徼福于敝邑之社稷，辱收寡君，寡君之愿也。"

《左传·文公九年》，叔仲惠伯曰："是必灭若敖氏之宗。傲其先君，神弗福也。"

《左传·文公十二年》，宾答曰："寡君愿徼福于周公、鲁公以事君。"

《左传·文公十二年》："祸、福，不告亦不书，惩不敬也。"

《左传·成公二年》："吾子惠徼齐国之福，不泯其社稷，使继旧好，唯是先君之敝器、土地不敢爱。"

《左传·成公十二年》，宾曰："君不忘先君之好，施及下臣，贶之以大礼，重之以备乐。如天之福，两君相见，何以代此。下臣不敢。"子反曰："如天之福，两君相见，无亦唯是一矢以相加遗，焉用乐？寡君须矣，吾子其入也！"宾曰："若让之以一矢，祸之大者，其何福之为？"

《左传·成公十六年》："是以神降之福，时无灾害，民生敦庞，和同以听，莫不尽力以从上命，致死以补其阙。""若犹不弃，而惠徼周公之福，使寡君得事晋君。"

《左传·宣公十二年》："徼福于厉、宣、桓、武。"

蒐狩誠大猷　農隙講兵　事如棠陳魚　觀略地辭　實僞僖伯進讜言古制　論精義巡行必以時禽　荒為政累本朝關木蘭　秋獮習武備經旬試三　驅境不礙種植家法永　欽依詰戎豈遊戲敬告　我後人慎勿惑浮議　詠臧僖伯諫觀魚　丙寅季夏月之上澣　御筆

◎ 清嘉庆帝楷书《咏左传·臧僖伯谏观鱼》

《左传·襄公二年》："君子之请，诸侯之福也，岂唯寡君赖之。"

《左传·襄公十一年》："夫和戎狄，国之福也。"

以上词句中，"福"的含义，基本上属于古老原初意义上的天帝、神灵、祖先赐予和给予的福祉庇佑，其中，"徼福"意为祈福、求福，多指向前代的圣君明王祈求福佑。

《左传》中还有较多引用《诗经》中含"福"的诗句，如《左传·桓公六年》引《诗》"自求多福"。《左传·襄公二年》引《诗》"为酒为醴，烝畀祖妣，以洽百礼，降福孔偕"。《左传·襄公七年》引《诗》"靖共尔位，好是正直。神之听之，介尔景福"。《左传·襄公十一年》引《诗》"乐只君子，殿天子之邦。乐只君子，福禄攸同"。

《左传·桓公六年》载，随国大夫季梁谏止随侯，认为不可贸然追击伪装示弱来诱敌的楚师，此时，君臣之间有一段对话：

季梁止之曰："天方授楚，楚之羸，其诱我也，君何急焉？臣闻小之能敌大也，小道大淫。所谓道，忠于民而信于神也。上思利民，忠也；祝史正辞，信也。今民馁而君逞欲，祝史矫举以祭，臣不知其可也。"公曰："吾牲牷肥腯，粢盛丰备，何则不信？"对曰："夫民，神之主也。是以圣王先成民而后致力于神。故奉牲以告曰'博硕肥腯'，谓民力之普存也，谓其畜之硕大蕃滋也，谓其不疾瘯蠡也，谓其备腯咸有也。奉盛以告曰'洁粢丰盛'，谓其三时不害而民和年丰也。奉酒醴以告曰'嘉栗旨酒'，谓其上下皆有嘉德而无违心也。所谓馨香，无谗慝也。故务其三时，修其五教，亲其九族，以致其禋祀。于是乎民和而神降之福，故动则有成。今民各有心，而鬼神乏主，君虽独丰，其何福之有！君姑修政而亲兄弟之国，庶免于难。"随侯惧而修政，楚不敢伐。

季梁指出，单纯地致祭天地鬼神，并不能得到降福庇佑，只有"先成民而后致力于神"，才能使得"民和而神降之福"，这反映了当时贤智之士的民本思想。后来，随侯惧而修政，楚不敢伐，正体现了这种修政爱民、以民为本观念的积极影响。与此例十分类似的，是《左传·庄公十年》的"曹刿论战"的一段对话：

> 十年春，齐师伐我。公将战，曹刿请见。其乡人曰："肉食者谋之，又何间焉。"刿曰："肉食者鄙，未能远谋。"乃入见。问："何以战？"公曰："衣食所安，弗敢专也，必以分人。"对曰："小惠未遍，民弗从也。"公曰："牺牲玉帛，弗敢加也，必以信。"对曰："小信未孚，神弗福也。"公曰："小大之狱，虽不能察，必以情。"对曰："忠之属也，可以一战，战则请从。"

齐鲁长勺之战前，曹刿自告奋勇请见鲁庄公并就战事展开讨论。曹刿就"何以战"的条件有针对性地进行论析，对鲁庄公向近侍施舍小恩惠、祭神贡品的诚实不欺的做法，都给予否定，"小惠未遍，民弗从也"，"小信未孚，神弗福也"，而对庄公重视刑狱案件的审理这点，则认为"忠之属也，可以一战"。这与前引《左传·桓公六年》季梁谏止随侯的论析如出一辙，表现出当时一些贤者否定单纯靠虔诚祭祀天帝鬼神以徼福的思想，引申为必须从以民为本出发，实施惠政爱民才能获得福佑。从这一思想出发，结合史事实例加以"验

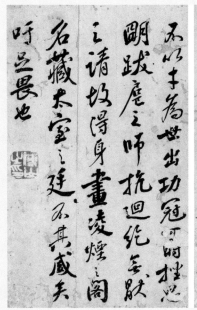

◎ （清）傅山行书节录《左传》格言

证"，具有理性说服力。

《左传·僖公十三年》载，晋国饥荒，向秦国求借粮食。此前，晋国国君晋惠公已有背信弃义的行为，秦穆公与朝臣商议是否答应借粮，百里奚的回答是："天灾流行，国家代有，救灾恤邻，道也。行道有福。"秦伯曰："其君是恶，其民何罪？"最终听从了百里奚的建言，"秦于是乎输粟于晋，自雍及绛相继，命之曰泛舟之役"。显然，百里奚"行道有福"的论说，体现了人文关怀，是值得赞许的徼福理念。

《左传·昭公二十年》记载晏子对齐侯的一段解说："若有德之君，外内不废，上下无怨，动无违事，其祝史荐信，无愧心矣。是以鬼神用飨，国受其福，祝史与焉。其所以蕃祉老寿者，为信君使也，其言忠信于鬼神。"这也是将君王修德善治，使上下和顺无怨与鬼神用飨、国受其福相联系的福德观进步的表现。再如，《左传·哀公元年》记载逢滑对陈怀公的谏言："臣闻国之兴也，视民如伤，是其福也。其亡也，以民为土芥，是其祸也。"则是直接将国君对待民众的态度，作为国家兴亡的前提，其进步性更加凸显。

《左传·襄公二十三年》记载闵子马的一段话，曰："子无然！

祸福无门，唯人所召。为人子者，患不孝，不患无所。敬共父命，何常之有？若能孝敬，富倍季氏可也。奸回不轨，祸倍下民可也。"这里提出了"祸福无门，唯人所召"的经典论断，将福祉与个人的孝敬美德善行联系起来，指明福祸并非凭空而来，是与人的修为相关。这种观念，也是对福文化、福祉理论正面的扩延与补充，后来也被孟子吸收并加以发挥。

总之，《左传》中记载的与"福"相关的内容十分丰富。在历时230年的春秋时代，《左传》既承继《诗经》福祉思想的精粹，又关注当时的社会现实，关注人物命运和施政行为，如"审行信令，祸福赏罚""乐只君子，福禄攸同""彼交匪敖，万福来求""以洽百礼，降福孔偕"等，体现《左传》在新的历史时期和社会形态中，赋予福文化以更新、更丰富的思想内涵，对于我们今天了解福文化观念、理论的发展演变，具有重要的意义。

六、《孟子》论福祉

在孔孟儒家的经典著作中很少有直接论"福"的，《论语》未见，《孟子》中出现"福"字也只有 3 处，两处还是援引《诗经》"永言配命，自求多福"的句子，但孟子在引用时，多体现《左传》中"祸福无门，唯人所召"的观点。

> 孟子曰："仁则荣，不仁则辱。今恶辱而居不仁，是犹恶湿而居下也。如恶之，莫如贵德而尊士，贤者在位，能者在职。国家闲暇，及是时，明其政刑，虽大国必畏之矣。《诗》云：'迨天之未阴雨，彻彼桑土，绸缪牖户。今此下民，或敢侮予。'孔子曰：'为此诗者，其知道乎！能治其国家，谁敢侮之？'今国家闲暇，及是时，般乐怠敖，是自求祸也。祸福无不自己求之者。《诗》云：'永言配命，自求多福。'《太甲》曰：'天作孽，犹可违。自作孽，不可活。'此之谓也。"（《孟子·公孙丑上》）

孟子认为，居仁任贤、贵德尊士，明其政刑则国家治，自然获福，表达"福自己求"的思想。

> 孟子曰："爱人不亲，反其仁；治人不治，反其智；礼人不答，

◎ 孟子像，台北故宫博物院藏

反其敬。行有不得者皆反求诸己，其身正而天下归之。《诗》云：
'永言配命，自求多福。'"孟子曰："人有恒言，皆曰'天下国家'。
天下之本在国，国之本在家，家之本在身。"（《孟子·离娄上》）

这段话意谓：我爱别人，但别人并不与我情感亲近，我就应反
省在仁爱方面做得是否到位；我管理别人，但对方不接受，我就应
反省自己的智慧和能力；我待人有礼，但别人未能回应，我应反省
诚敬如何。我的行为有不得当之处，都应该反省自己，自己身正行端，
才能让天下人信服。正如《诗经》所说，经常思考自己行为是否合
理恰当，靠自己努力取得福报。

以上，孟子提及"福"，都强调自身修为、自求多福的道理，
将带有神秘主义的天地、神灵赐福的传统认识，转换为从君王到百
姓都应注重修德求福的道理，其积极的教化意义十分明显。

七、《孔子家语》中的福祉观

孔子作为儒家之祖，对福祉的认识是朴素、简单的，著名的就
是所谓"孔颜之乐"。孔子称赞颜回说："一箪食，一瓢饮，在陋巷，
人不堪其忧，回也不改其乐。"还有所谓"孔门三乐"，即学习之悦、
交友之乐、君子之乐，表明孔子倡导的福祉观主要是在精神上的愉悦，
而非物质上的享受。孔、颜的幸福观，实际正是他们所宣传的作为

君子或追踪圣贤者的幸福观，都是基于个人的追求与感受而言。

《孔子家语》（又名《孔氏家语》）是一部记录孔子及孔门弟子思想言行的著作，最早著录于《汉书·艺文志》（凡二十七卷），孔子门人所撰，原书早佚。

《孔子家语》中保存了许多关于先秦儒家的原始材料，其中很多内容涉及孔子对福祉的认识以及对民生幸福观念的理解。此书记载，孔子认为，在道与德两个基本观念的指导下，明君应当实行"七教"和"三至"。"七教"是：居上位者即人君，应当尊敬老人，平民百姓才会遵行孝道；人君尊敬比自己年长的人，百姓则会更加敬爱兄长；人君乐善好施，百姓才会变得宽厚；人君亲近贤人，百姓就会择良友而交；人君注重道德修养，百姓就不会隐瞒自己的私心；人君憎恶贪婪的行为，百姓就会以争利为耻；人君讲究廉洁谦让，百姓就会以不讲气节德操为耻。"七教"涉及社会治理和精神文明，涉及人们的和谐相处和幸福生活，体现儒家的道德理想与福祉观念。

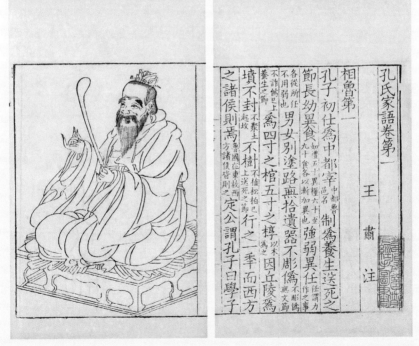

◎《孔氏家语》，清光绪刻本

◎（宋）马和之《孔子讲学图》，见故宫博物院藏宋高宗书《孝经》册页

在书中，孔子提出"三至"的主张，周密而细致地论述了"福"与"德"的关系。孔子回答曾参的提问说："至礼不让，而天下治；至赏不费，而天下士悦；至乐无声，而天下民和。"孔子认为最高的礼是自觉履行而不推诿，国家就会大治；最高的奖赏不是大量财物，却让有识之士都感到满意；最美妙的音乐是没有声音，因为天下的人都实现了和谐。这是儒家学说中设想的美好社会的场景，是向当政者规划的幸福社会生活的图景。

接着孔子还回答了曾参的"此义何谓"追问，指出："所谓天下之至仁者，能合天下之至亲也。所谓天下之至知者，能用天下之至和者也。所谓天下之至明者，能举天下之至贤者也。"孔子解说"三至"旨在指明君王治政之要，"是故仁者莫大乎爱人，智者莫大乎知贤，贤政者莫大乎官能。有土之君修此三者，则四海之内供命而已矣"。

孔子的论述，具有严密的逻辑辩证关系，指出达到和谐人际关系的极致之法。"至礼不让"等语迄今还是社交活动的常则。孔子提出的"至乐无声"与老子的"大音希声"一样，都是对艺术规律的独特体验，也是认识论的重要命题。这些阐述对儒家治国理政思想具有指导性价值，对我们构建和谐社会、追求幸福生活也具有借鉴意义。

《孔子家语》中还记载了鲁哀公与孔子的一段对话。哀公问孔子："夫国家之存亡祸福，信有天命，非唯人也。"孔子对曰："存亡祸福，皆己而已，天灾地妖，不能加也。"孔子不赞成鲁哀公关于天命决定祸福的说法，明确指出，国家的存亡祸福，都是由人自己来决定的，即使天地灾害、妖孽作祟也不能加害于国家。孔子还举例说，君王如果正派有为，是能够"以己逆天时，得祸为福者也"。所以孔子给出重要的论断："夫贤者，百福之宗也，神明之主也。"说明贤者是百福之所由生，神明之所由主，强调人的主体作用。这种"反求诸己""自求多福"，强调事在人为的思想，较之以往一味只靠祭祀祈祷求福、期待上天降福的求福思想，显然大大前进了一步。这也体现出儒家不信鬼神而自信人力、积极作为的进步观念。

总而言之，儒家经典中关于"福"的评说，在先秦诸子百家学说中，具有丰富而独特的内涵，人文情怀更为充分而厚重。它既沿袭以往对福祉的初始概念，又与儒家的仁爱思想、仁政德治观念相契合，还将福佑的来源与道德修为相联系，形成古老福祉理论的基础，把福文化引向道德人文的积极方向，成为关于福文化的指导性论述。由于儒家思想对中国社会影响巨大，这些福祉观念后来都成为中国人从古至今广受推崇的社会生活理想和人的行为准则。

八、荀子的幸福观

荀子对福祉观有着与众不同的理解。他认为，人要实现德性完美，一要"慎独"，二要"师法"引导，也就是说要发挥主观能动性，主动向德行高尚的人学习，于无人处也要谨慎对待自己的言行，这样才能提升德性，有望"成圣成贤"，达到内心愉悦，获得幸福。

荀子主张兼顾义利理欲，实现群体幸福，要"义利两得"，"以义制利"，必须"统理欲"，以谋取个人幸福，而真正的幸福必须合乎道义。

◎ 荀子像，故宫博物院藏

荀子主张以"义"作为行为规范，体现群体之利。他的兼义利、统理欲的幸福观对今人谋取群体幸福仍有重要启示。

在荀子的礼学思想中，有所谓"理欲之辨"。他认为，"礼"为"人道之极"，"礼"即"人之道""人之理"。荀子主张"性恶论"，他在《礼论》篇中讲，人生而有欲望，有需求，如果物欲没有限制，会引起社会混乱，所以圣人制礼作乐，用礼义规范人们的行为。礼的本意是在"养人之欲，给人之求"，如果放任自流，不加规范节制，必然造成种种后续之"恶"，社会就会陷于混乱与穷困状态。圣人制礼旨在让人分享财物，使"物"和"欲""相持而长"。他举例，五味美食"养口"，花草芬芳"养鼻"，雕刻图画"养眼"，钟鼓琴瑟"养耳"，宫室房屋"养体"。耳目口鼻体之欲是合理的幸福形态。这一价值判断与孔孟主张不全相合。

第二节 先秦诸子论福祉

儒家之外的诸子，对"福"也有大量的论述、阐释，与儒家一起为我国福文化的形成奠定了基础。据《汉书·艺文志》载，先秦

◎ 陈少梅《老子出关图》

诸子百家，数得上名字的共有 189 家，当时所载录的著作有 4324 篇。其后的《隋书·经籍志》《四库全书总目》等书则记载"诸子百家"著作达上千种，而流传较广、影响较大者有 12 家（学派），即儒家、道家、墨家、法家、兵家、名家、阴阳家、纵横家、杂家、农家、小说家、方技家等。这 12 家著述中，都或多或少涉及对"福"的论说。以下重点介绍道、墨、法 3 家。

一、道家论福祉

道家，又称"道德家"，是先秦诸子中重要的学派之一。道家学派的创始人是老子，据司马迁《史记》载："老子者，楚苦县厉乡曲仁里人也，姓李氏，名耳，字聃，周守藏室之史也。"又言："老子修道德，其学以自隐无名为务。居周久之，见周之衰，乃遂去。至关，关令尹喜曰：'子将隐矣，强为我著书。'于是老子乃著书上下篇，言道德之意五千余言而去，莫知其所终。"

老子所著"五千余言"之书名为《老子》，又名《道德经》。道家学派即以老子关于"道"的学说为理论基础，以"道"说明宇宙万物的本质、本源、构成和变化，认为天道无为、万物自然化生，主张道法自然、顺天而行，提倡清净无为、守雌守柔、以柔克刚，其政治理想则是"无为而治"。

老子以后，道家内部分化为不同派别，著名的有四大派：庄子学派、杨朱学派、宋尹学派和黄老学派。其中最著名者当属庄子。"庄子者，蒙人也，名周。周尝为蒙漆园吏，与梁惠王、齐宣王同时。其学无所不窥，然其要本归于老子之言。故其著书十余万言，大抵率寓言也。作渔父、盗跖、胠箧，以诋訿孔子之徒，以明老子之术。畏累虚、亢桑子之属，皆空语无事实。然善属书离辞，指事类情，用剽剥儒、墨，虽当世宿学不能自解免也。其言洸洋自恣以适己，故自王公大人不能器之。"《庄子》一书，系由庄周及其门人编汇而成，又名《南华真经》。老子、庄子后世并称为"老庄"，《老子》(《道德经》)与《庄子》(《南华真经》)是齐名的道家经典著作。

在道家的经典著作中，对核心观念"道"的阐释解说内容非常丰富，对"福"的概念稍有涉及。如《道德经》第六十五章曰："古之善为道者，非以明民，将以愚之。民之难治，以其智多。故以智治国，国之贼；不以智治国，国之福。"此说认为：古代善于为道的

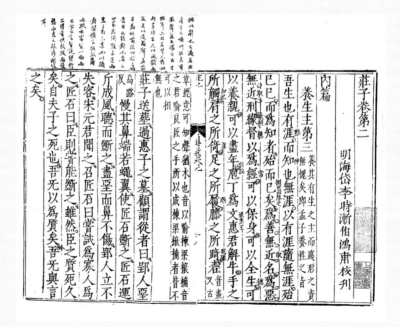

◎《庄子》，明刻本

人，不是教导民众知晓智巧伪诈，而是让民众淳厚朴实。民众难以治理，是因为他们有太多的智巧心机，因此用智巧心机治理国家，必然会危害国家，不用智巧心机治理国家，才是国家的福祉。这里的"福"，是一般意义上的福分、幸运的意思。《庄子·逍遥游》中称："夫列子御风而行，泠然善也，旬有五日而后反。彼于致福者，未数数然也。"这里提到"致福"，也是一般意义上的"求福"，即求得庇佑而顺遂。

《道德经》第五十八章中，关于福祸相依的论述，则有较大的影响，其文曰：

> 其政闷闷，其民淳淳；其政察察，其民缺缺。祸兮，福之所倚；福兮，祸之所伏。孰知其极？

其含义为：政治宽厚混沌，百姓朴实纯真；政治明察严苛，百姓抱怨狡诈。灾祸，福分倚傍其中；福分，灾祸就隐伏其间。祸福循环，谁能知道它的终极？老子在此章宣扬"无为而治"的理念，阐述了祸福、正奇、善恶转化的原理，其中，"祸兮，福之所倚；福兮，祸之所伏"成为著名的哲学命题，被后世不断地阐发诠释。西汉初期，以道家思想为主旨的《淮南子》一书，其"人间训"有一则著名的寓言故事"塞翁失马"，正是这一命题的生动解说，其文曰：

> 近塞上之人有善术者，马无故亡而入胡。人皆吊之，其父曰："此何遽不为福乎？"居数月，其马将胡骏马而归。人皆贺之，其父曰："此何遽不能为祸乎？"家富良马，其子好骑，堕而折其髀。人皆吊之，其父曰："此何遽不为福乎？"居一年，胡人大入塞，丁壮者引弦而战。近塞之人，死者十九。此独以跛之故，父子相保。故福之为祸，祸之为福，化不可极，深不可测也。

《老子》的命题与《淮南子·人间训》的寓言，虽然没有直接对"福"的内涵进行具体析说，但将"福"与"祸"作为对立却又互相转化的两面形态加以阐发，无疑是深化了对"福"全面、辩证的认识。

◎ （明）文徵明行书《道德经》

祸福相倚伏，人们对于灾祸和福祉，应持"风物长宜放眼量"的态度坦然面对，要做到"不以物喜，不以己悲"，积极促进事物向好的方面转化。保福远祸，道家学说对此提供了具有认识深度的智慧。

二、墨家论福祉

墨家是春秋末至战国时期极具影响的"显学"之一，《韩非子·显学》篇中曾明确地指出："世之显学，儒、墨也。"墨家创始人墨子，姓墨，名翟，大约生于春秋末至战国初期，鲁阳人（一说滕国人，一说宋国人），是中国古代思想家、教育家、科学家、军事家，是墨家学派创始人和主要代表人物。

《淮南子·要略》载："墨子学儒者之业，受孔子之术，以为其礼烦扰而不说，厚葬靡财而贫民，（久）服伤生而害事，故背周道而用夏政。"墨子原为儒门弟子，因不满儒家学说而另创墨家学派，其学说是反思和批判儒家学说的产物。作为平民思想家，墨子提出比孔子更为激进的平民革新思想，极力倡言兼爱、尚贤的平民政治理论，打破以亲亲为原则的血缘贵贱论，主张选拔贤能人才以治理国家为正途。墨家还提出非攻、节用、节葬、非乐等政治主张，对当时统治者贪得无厌的掠夺战争和穷奢极侈的享乐生活进行尖锐批判。墨家成员多为出身下层的"贱民"，因此在游说君主贵族以推行自己政治主张时，不得不借助于超人间、超现实的力量来说教，所以对上天和鬼神进行了大量宣传，主张尊天事鬼，把自己的学说主张说成是上天、鬼神的意愿。墨家曾发展出以"巨（钜）子"为领袖的纪律严明、组织严密的社会团体，成员多来自社会下层，以自苦励志。其徒属从事谈辩者，称"墨辩"；从事武侠者，称"墨侠"。墨子之后，墨家分化为相里氏之墨、相夫氏之墨、邓陵氏之墨三个学派。

墨家理论主要见载于《墨子》一书。该书系墨子弟子根据墨子生平事迹及其语录编撰而成。据统计，《墨子》中提及"福"字共38处，如：

《法仪》中有"故曰：爱人利人者，天必福之，恶人贼人者，天必祸之"。"昔之圣王禹、汤、文、武，兼爱天下之百姓，率以尊天事鬼，其利人多，故天福之，使立为天子，天下诸侯皆宾事之"。"爱人利人以得福者，禹、汤、文、武是也"。"爱人利人以得福者有矣，恶人贼人以得祸者亦有矣"。

《尚同（中）》中有"今天下之人曰：方今之时，天鬼之福

◎《墨子》，清乾隆刻本

◎（清）孙诒让《墨子间诂》，清光绪刻本

可得也"。"天鬼之所深厚而能强从事焉，则天鬼之福可得也"。

《兼爱（下）》有"禹之征有苗也，非以求以重富贵，干福禄，乐耳目也；以求兴天下之利，除天下之害"。

《节葬（下）》有"此求禁止大国之攻小国也，而既已不可矣，欲以干上帝鬼神之福，意者可邪"。"求以禁止大国之攻小国也，而既已不可矣；欲以干上帝鬼神之福，又得祸焉"。

《天志（上）》有"我为天之所欲，天亦为我所欲。然则我何欲何恶？我欲福禄而恶祸祟"。"故昔三代圣王禹、汤、文、武，欲以天之为政于天子，明说天下之百姓，故莫不犓牛羊，豢犬彘，洁为粢盛酒醴，以祭祀上帝鬼神，而求祈福于天。我未尝闻天下之所求祈福于天子者也，我所以知天之为政于天子者也"。

《墨子·公孟》篇中有这么一段对话：

有游于子墨子之门者，谓子墨子曰："先生以鬼神为明知，能为祸人哉福，为善者富之，为暴者祸之。今吾事先生久矣，而福不至，意者先生之言有不善乎？鬼神不明乎？我何故不得福也？"

子墨子曰："虽子不得福，吾言何遽不善？而鬼神何遽不明？子亦闻乎匿徒之刑之有刑乎？"

对曰："未之得闻也。"

子墨子曰："今有人于此，什子，子能什誉之，而一自誉乎？"

对曰："不能。"

"有人于此，百子，子能终身誉其善，而子无一乎？"

对曰："不能。"

子墨子曰："匿一人者犹有罪，今子所匿者若此其多，将有厚罪者也，何福之求？"

这段对话说的是：有个在墨子门下求学的人，对墨子说："先生认为鬼神明智，能给人带来祸福，让为善者富裕，让暴戾者遭祸。现在我侍奉先生已经很久了，但福祉却未到来。我想是不是先生的话不对呢？或者是鬼神并不明智呢？要不，我为什么得不到福祉？"墨子说："虽然你得不到福，但并非我的话有什么不对，也非鬼神不明智。你可听说过隐藏犯人是有罪的吗？"这人回答说："没听说过。"墨子说："现在有这么个人，他的贤能胜过你十倍，你能十倍地称誉他，而只是一次称誉自己吗？"这人回答说："不能。"墨子又问："现在有人贤能胜过你百倍，你能终身称誉他的长处，而一次也不称誉自己吗？"这人回答说："不能。"墨子说："隐藏一个犯人都有罪，现你所隐藏的这么多，将有重罪，还求什么福？"

从以上所列引的《墨子》论福的文字来看，可归结出三个特点：第一，多处出现"福""禄"连用词组，可见墨子也是将幸运福分（福）与物质福利（禄）联系在一起。第二，福来自上天（上帝）及鬼神的意志、安排、恩赐，人为的非分的祈求是难以致福避祸的。第三，古代圣明君王（如夏禹、商汤、周文王、周武王等）顺应天帝鬼神意志，爱人利人，则获得天帝鬼神的降福，众人若行爱人利人之道，累积而显著，也将获得福佑。显然墨家对福的理解仍未脱离向上天鬼神祈求赐福，但也注意到因爱人利人的善行可得福。

三、法家论福祉

法家是战国时期影响力巨大的重要学派。春秋时期，管仲、子产即是法家的先驱。战国初期，李悝、商鞅、申不害、慎到等人开创了法家学派，至战国末期，韩非综合商鞅的"法"、慎到的"势"和申不害的"术"，而集法家思想学说之大成。这一学派因主张以法治国，所谓"不别亲疏，不殊贵贱，一断于法"（司马谈《论六家要旨》），故称之为法家。经济上，法家主张废除井田，重农抑商，奖励耕战；政治上主张废分封，设郡县，君主专制，仗势用术，以严刑峻法实施统治；思想和教育方面，则主张禁断诸子百家学说，以法为教，以吏为师。法家不仅仅是纯粹的理论家，更是积极入世的行动派，他们注重思想学说的实际效用，也确实为君主专制的大一统王朝的建立提供了理论根据和行动方略。

《汉书·艺文志》著录法家著作有217篇，今存近半，其中最重要的是《商君书》和《韩非子》。《商君书》，又称《商君》或《商子》，是战国时期法家代表人物商鞅（可能还包括其后学）著作的汇编，着重论述商鞅在秦国施行的变法理论和具体措施。《商君书》仅在《定分》中出现一处"福"字，其文曰："故圣人立，天下而无刑死者，非不刑杀也。行法令，明白易知，为置法，官吏为之师。以道之知，万民皆知所避就，避祸就福，而皆以自治也。"其内容注重于以法令

◎ 《商君书》，清光绪刻本

刑罚治理天下的论述，文中"避祸就福"是就一般意义上说的。

《韩非子》由后人辑录而成，书中有29处出现"福"字，如《存韩》篇中有"赵之福而秦之祸也"；《主道》篇中有"不自操事而知拙与巧，不自计虑而知福与咎"；《十过》篇中有"负羁曰：吾闻之，有福不及，祸来连我"；《三守》篇中有"虽有贤良，逆者必有祸，而顺者必有福"及"鬻宠擅权，矫外以胜内，险言祸福得失之形，以阿主之好恶"；《喻老》篇中有"夫事之祸福亦有腠理之地"及"中无主，则祸福虽如丘山无从识之"；《安危》篇中有"二曰祸福随善恶"及"拂耳，故小逆在心，而久福在国""故甚病之人利在忍痛，猛毅之君以福拂耳"。

上述《韩非子》所论"福"皆就一般意义上论祸福，而最值得注意的是《解老》篇（《解老》与《喻老》，皆为韩非子解读和阐释道家经典《老子》之名篇）中论福的重要段落：

> 仁者，谓其中心欣然爱人也。其喜人之有福而恶人之有祸也。生心之所不能已也，非求其报也。故曰："上仁为之而无以为也。"

> 人有祸则心畏恐，心畏恐则行端直，行端直则思虑熟，思虑熟则得事理。行端直则无祸害，无祸害则尽天年。得事理则必成功，尽天年则全而寿，必成功则富与贵，全寿富之谓福。而福本于有祸，故曰："祸兮，福之所倚。"以成其功也。

> 人有福则富贵至，富贵至则衣食美，衣食美则骄心生，骄

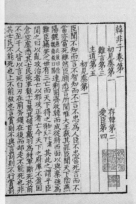

◎《韩非子》，清嘉庆刻本

心生则行邪僻而动弃理。行邪僻则身死夭，动弃理则无成功。夫内有死夭之难，而外无成功之名者，大祸也。而祸本生于有福，故曰："福兮，祸之所伏。"

夫缘道理以从事者，无不能成。无不能成者，大能成天子之势尊，而小易得卿相将军之赏禄。夫弃道理而妄举动者，虽上有天子诸侯之势尊，而下有猗顿、陶朱、卜祝之富，犹失其民人而亡其财资也。众人之轻弃道理而易妄举动者，不知其祸福之深大而道阔远若是也，故谕人曰："孰知其极。"

人莫不欲富贵全寿，而未有能免于贫贱死夭之祸也。心欲富贵全寿，而今贫贱死夭，是不能至于其所欲至也。凡失其所欲之路而妄行者之谓迷，迷则不能至于其所欲至矣。今众人之不能至于其所欲至，故曰"迷"。众人之所不能至于其所欲至也，自天地之剖判以至于今，故曰："人之迷也，其日故以久矣。"

这里韩非子论福称，"尽天年则全而寿，必成功则富与贵，全寿富之谓福"，与《尚书》中所提到"五福"中的"长寿、富裕、康宁、攸好德、考终命"类似，而在论析如何保福远祸时，韩非子基于对《道德经》关于福祸相依的认知与理解，阐释祸福转化的道理，论及求福远祸的心理和行为模式及其影响，如："万物得之以死，得之以生；万事得之以败，得之以成。道譬诸若水，溺者多饮之即死，渴者适饮之即生；譬之若剑戟，愚人以行忿则祸生，圣人以诛暴则福成。"这些话独到而深刻地揭示了事物对立面互相依存和转化的规律。韩非子提出，只有对"道"具有至为精微的哲理认识，才能"知祸福之所由来"而"务致其福"，否则致祸。韩非子还强调人在社会生活中应该"缘道理"、遵"道德"而行，才能达到保福远祸的目的，而这一点又与他倡言的"道生法"的理论学说紧密相关。

先秦诸子除上述的道家、墨家、法家之外，具有影响力的还有兵家、名家、阴阳家、纵横家、农家、小说家、方技家、杂家等，各家阐论的主旨、角度、方法各异，偶有涉及"福"的，如《孙膑兵法·兵失》篇中曰："兵多悔，信疑者也。兵不能见福祸于未形，

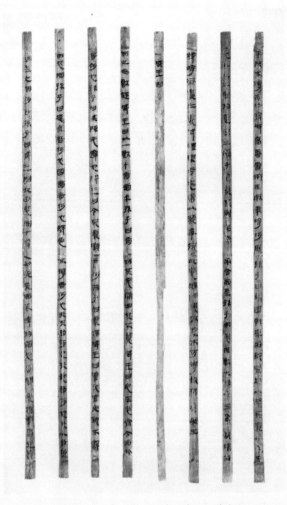

◎《孙膑兵法》竹简，山东银雀山汉墓出土

不知备者也。"

儒家之外先秦诸子关于福的论述，可以概括为以下几点：

其一，先秦诸子在使用"福"的概念时，基本上遵循初始的"五福"概念，多数侧重于追求美好的人生，所以健康、平安、长寿、富贵构成其基本内涵。

其二，对福的来源，多认为是由上天（上帝）、鬼神、祖先所降赐，或认为由敬奉天道而得庇佑。

其三，将对福的相关论析，纳入各家学说理论主张之中，成为其论说的佐证或辅助，因此多用祸福对举指陈利害。

其四，普遍将福与祸并列对举，指明利害，对福与祸作为对立面互相转化有了认识，具有较为深刻的辩证思想。

总而言之，先秦诸子对"福"的认识已从先前的祭祀祈求天地鬼神赐降福祉，演进而为怀仁修德、克尽人事以致福，着眼于实际社会生活和人际关系，推动了福文化思想的深化和实际运用，因而是一种重要的理论进步，为后世福文化的形成奠定了重要的理论基础。

第三节 祈福与礼制

祈福是先民跨入文明门槛的一项重要活动，因而是中华民族的标志之一。人们所祈对象究竟为何物、何事，在先秦的典籍中有所阐述，就是长寿、财富、康泰、平安、丰收、爵禄、吉祥、喜庆、多子等等。早期的祈福和祭祀活动因无文字记载不得其详，但从考古发掘可知，距今五六千年前即有盛大的祭天活动，如6300年前的浙江良渚文化遗址和陕西石峁、内蒙古红山文化遗址都发现有大规模的祭坛，甚至有女神陶像，可知先人祭神求福佑的意识。

商代因有文字记载和出土文物佐证，故知那是盛行祭祀的时代。史载"殷人尊神，率民以事神"，可知殷商文明的独特文化个性就是浓厚的神权氛围。商人祭拜的对象很多，可分为天帝崇拜、社稷崇拜、祖先崇拜，为此建有高大的祭坛（后世演为天坛），或是建社、稷坛，以祭祀二神，或是建宗庙以安妥并祭祀商王列祖列宗，除此以外还有其他祭祀活动，如建宫庙、手工业生产等的祭拜礼仪。殷人经常且大规模的祭祀活动，反映出神权社会的统治思想和宗教意识，应是延续了远古时代的祭祀以祈福禳灾、求神庇佑的心理。这也是商代文化突出神权的原因。

孔子整理儒家"六经"之典，包括《诗》《书》《礼》《易》《春秋》《乐》，其中或多或少都有对于福祉的记载或阐述，尤其以《诗

◎ 良渚文化玉琮，故宫博物院藏

经》为最多。因为它是上古时代民间与王室、贵族进行祭祀、宴飨时的祝颂乐词或活动场景的记录，所以显得真切而生动。早期的"诗"既可以作为祭祀的乐歌佐助庙堂的典礼，也可以作为抒情、叙事、颂赞、讽谏的语言以表达情意、歌颂神灵，自然多有表达朝野之人对福祉的期盼和祝颂。其时诗是礼乐文化的重要组成部分。

《尚书》称：唯王建国"设官分职，以为民极"，即建立官员和治民的标准。传说周初周公"制礼作乐"，是为我国礼乐文明的肇端。《周礼》《仪礼》《礼记》详尽地记载周代礼制规范，具体规定贵族社会中上下尊卑的秩序，这些应是从祭祀程序中发展而来的。《礼记》记录先秦时期的社会情况、典章制度、儒家思想。"三礼"对后世的政治制度、社会伦理、文化观念产生了深远影响，为中华礼乐文明奠定基础，由此产生的礼乐制度就成为等级社会的典则，是阶级社会初期政治文明的体现。古代社会中，儒家主张"礼乐"、政刑相辅相成，强调礼法合治，以德为主，以刑为辅，法安天下，礼正行仪，德润人心。礼制遂成为规范社会行为的律则，进而为民间所取法，形成传统习惯。因此可以说，礼制本产生于原初的祭祀和祈福活动，并衍生为市井村社的各种祭祀祈福民俗。

◎ 炎帝公祭大典

古代礼仪庄重的祭祀过程，不但场面宏大，气氛肃穆，而且与祭人员严格按尊卑定位肃立，随后按照仪程的先后顺序，行礼如仪。在人间是体现尊卑、上下的地位和身份差别；对神明则是表达尊敬、崇仰和虔诚的思想感情。在祭祀过程中，主祭、陪祭及其他与祭人员，按照不同的身份和角色进行站位和职责分工，但都要行大礼，包括鞠躬、跪拜、叩首以及行献祭焚之礼。与这种肃穆礼仪相应和的还有殿堂上的钟磬丝竹。《礼记·乐记》说："大乐与天地同和，大礼与天地同节。""乐和""礼节"体现的正是王室祭祀祈福的盛大场面和庙堂伦理秩序。三代祭祀以乐歌佐助礼典，《诗经》的言辞实是祭祀时的诵词，也是礼典规范的表达。

在庄严肃穆的祭祀活动中，贵族身份和地位的区别，既表明家族内血缘关系的远近、亲疏，也是维护家族体制格局的必要手段，因此"礼"在商周王朝决定了上流社会个人的思想意识和行为践履。而由礼所固化和规范的祭祀、祈福活动为世代中国人所传承，只是对象有所变化。祭天地依然如故，因为作为农耕民族，深知天地对于自身的关系有多大，"厚地高天""天覆地载"，是时刻离不开的，自然尊崇敬畏有加；先祖神灵不可改易，实应世代供奉，以显孝心亲情。供奉的其他神灵在民间则有不断扩大范围的趋势。民间对于能"御灾捍患"、功勋卓著或惠政及民的忠臣烈士、清官循吏，都予以奉祀祭奠，有的还列入国家祭典。正由于此，历代官民共祭或百姓私祀的神灵举不胜举。人们更把祭祀祈福和求庇活动发展成为热闹的社祭庙会和生动的迎神赛会，成为城乡共举的民俗活动。福文化由此深入民间，传扬于后世。

由于礼制的固化，三代贵族中，形成了家族固定的社会地位，产生了由血缘关系构成的"世官世禄"制。国家"官员"的职务世代传承，这种状况在商周时形成统治格局，维护王朝统治的长期稳定。商周时期"礼治"社会保持近千年，最终到春秋战国时期因"礼崩乐坏"而逐步消亡，后世代之以其他形式的官员选举制度。

可见，由祭祀而产生的礼制，本是祈福活动的产物，也是福文化的初始之源。正是在祈福活动中，王公贵族秉持"敬天法祖"的理念，以"神道设教"治民。他们对天地鬼神奉祀唯谨，旨在宣扬自己统治的合法性（上天所赐、祖宗所庇），其地位不容争议，也

◎ 客家祭祖大典

是无可改易的，否则就是犯上作乱，就是对王朝的"革命"，是绝对不能容忍的，会受到天谴惩罚。

这种以血缘关系为基础的"封建"礼制，到春秋战国时期陷于深刻的危机之中。其时由于各个贵族势力发展壮大，一些低层次家族不甘于长期沉沦"下僚"，于是大胆"犯上作乱"，凭借自己的实力和功勋，争抢更高的职位，直至弑君篡位。这样的事例多了，便出现"天下鼎沸""礼崩乐坏"的局面。周王室的权威荡然无存，"王纲解纽"，僭位作乱的事件层出不穷，真正出现所谓"高岸为谷，深谷为陵"的动荡局面。这时的"诗"已不再成为礼乐形态的基石，礼乐的仪式渐次淡化，儒者更多注意的是诗礼和诗意，并把它奉为宣传仁政、王道的经典，教授礼义的范本。孔子对王权的衰落和礼制的破坏痛心疾首，凄凄惶惶奔走于各国，竭力说服统治者"克己复礼""天下归仁"，意图恢复旧有的统治秩序。岂知社会潮流大势所趋，尊如圣人也不能挽狂澜于既倒。唯有孔子、孟子提出的"仁义礼智信"五常道德和"仁政""王道"政治主张，为后人（包括后世统治者）所采纳或继承，用以经世治民。

礼源于祀，礼中循礼。古人认为，礼为事神致福，所以礼与福同源，这从许慎《说文解字》释"祭神致福"可知。二字左边同为"示"字，表明与祭祀有关；其右边一为"豊"、一为"畐"，表示祭品醴酒或供品珠玉。儒家重礼在于坚持尊卑秩序与人伦规范，认为这是保障国泰民安、社会和谐的基础，是家国福祉所在。《荀子·礼论》曰："礼，上事天，下事地，尊先祖而隆君师，是礼之三本也。"说明崇礼的实质是在向天地先祖君师祈福祉、求祯祥，因为尊祖隆礼都离不开祭祀。古人称"以礼治国"，其实是以礼制规范王朝秩序，维护政统，确保有序统治，借以巩固王权。因为礼的作用在于为治国立制，所以古人认为，"礼乃六经之本"。以礼经国治民，这种功能表明它在治国理政中居首要地位。另者，儒家认为，礼制体现君臣、父子之伦理大义，又是道德修养的重要内容和手段，因此在庙堂之礼失去之后，只能从乡野之中去寻觅，这就是孔子所谓"礼失而求诸野"的道理。

第三章
福文化思想的发展

中国传统儒学到宋明时期发展成为理学，理学成为宋明时期占主导地位的儒家哲学思想体系，其中兼容佛、道思想，用以论证纲常名教的合理性和永恒性，对后世影响至深且巨。理学家特别是大儒朱熹关于福文化的理论阐释及其施政实践，丰富和发展了福文化。明代从客观"唯物"（理、气）说演变为主观"唯心"说，即以王阳明的心学为代表。他们虽然也谈"祸福在天"，但更多的还是秉持旧说之"人可胜天"论，强调祸福"自己求之"，修己积德，以忠信礼义"为福"，以行善徼福。因此，福文化的发展历史，生动地体现了中国人的社会思想、价值观念演变与发展的历史，由祭祀祈福而发端的福文化历史，经过几千年发展，成为集信仰、民俗、礼仪、吉语、工艺、美术、文化之大成的吉祥文化大观，长期影响全民的思想观念和意识形态，影响了人们的世界观和价值观。

第一节　唐代文人的福祉观

唐代是中国历史上充满生机与活力的朝代，文人士子因科举制的兴起而翘首以待青云出岫，正如诗人王维高唱的诗句："圣代无隐者，英灵尽来归。遂令东山客，不得顾采薇。"饱满的激情，热衷的期待，无疑让唐诗唱出文人们的时代心声，唐代也成就了"诗的国度"的美名。

一、唐诗中的福祉观

在唐代诗海中，也少不了论"福"的诗句，甚至连帝王也创作祈福的诗歌。唐太宗李世民在《谒并州大兴国寺》诗中称："回銮游福地，极目玩芳晨。"他称佛寺为福地，与道家所称修真之所为"洞天福地"同义，均为赞美"净土"之词。他的《郊庙歌词》则与商

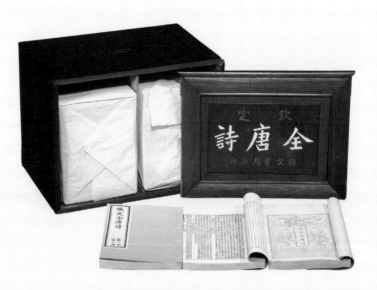

◎《全唐诗》，清光绪石印本

周时代王室祭祀先王、先公的词语如出一辙，均是祈求祖宗降福的词句，如"介福攸归""钦承景福""介福爰臻""介兹景福""穰穰之福""福履攸假""上延祉福""神歆福延""神之降福"。他在《送赵法师还蜀因名山奠简》的诗句中提到，"真子今将命，苍生福可传。江山寻故国，城郭信依然"，表达了对江山、城郭和苍生的记念，算是接地气的。其他文臣附和的郊祀歌词，也与帝王的范本雷同，如蒋挺的"降福无疆"，源光裕的"永永福流"，这些词句使人想到《诗经》中雅、颂篇的诗句。

值得注意的是，在一些文人的诗作中，还可以看到诗人们对福的理性化诠解，还可寻绎他们思想的渊源，如名相张说的诗句"福与仁合，德因孝明"，表达福祉与仁德孝行的关系，表明其仍继承的是儒家思想。他的《赠崔公》诗，表达"行藏唯圣节，福祸在人谋"，说明福由人自求的道理。马怀素《奉和人日宴大明宫》诗中"三阳候节金为胜，百福迎祥玉作杯"，虽是应景之作，也在表达节日迎接福祥的美好意愿。

李颀诗称"祈年宝祚广，致福苍生惠"，表达为国家、苍生致福的意愿。杜甫在戏赠友人"马惊折左臂"诗中，有"劝君休叹恨，未必不为福"之句，亦以塞翁失马为喻安慰之。韩愈诗"上天不虚应，祸福各有随"，柳宗元诗"福为深仁集"，均指明祸福有因，在于人事作为。白居易诗有"谓神福善人，孔圣竟栖遑。谓神祸淫人，暴秦终霸王"，神亦无所作为，并不能降祸赐福于人。白居易《咏史》诗中列举李斯、郦食其之死与黄绮隐人商山得寿的故事，认定"乃知祸福非天为"，明确否定上天与神灵能降祸福于人的说法。白居易在《贻诸少年》诗中称，自己老来"尽日看书坐。书中见往事，历历知福祸"，因此深感"人间祸福愚难料""祸福细寻无会处"。既是难料、无会，自然感叹"乃知祸福非天为"，他对"吉凶祸福有来由"的回答就是皆由人自作。

唐代，福祉观念已经广泛传播，深入人心，所以也经常反映在文人的诗文创作中。他们也把"福"字作为通常的吉语祥言来使用，能够反映关于福祉新理念的是一些诗人的特别认识。

如高适有"应皇王之丕命，运宫商于景福""倘幽冥兮，昭乎景福；彼净土者，可得而归之"之句，"景福"乃是平常的祝颂用语。杜牧《祭城隍神》称"吉福殃恶，止及其身"，也只作褒贬对举的用语。韩愈《谒衡岳庙遂宿岳寺题门楼》诗有"侯王将相望久绝，神纵欲福难为功"，虽为自嘲，实为表达对于神功致福的失望。杜甫的诗句"声振扶桑享天福"与咏诸葛亮诗"福移汉祚难恢复，志决身歼军务劳"，均

◎《唐诗七言律选》，清康熙刻本

以福作为虚拟的美好理想。白居易诗"多才非福禄,薄命是聪明""未必得年非瘦薄,无妨长福是单贫",作为反诉用语,这福只是通常意义上的吉祥概念,故自嘲个人的"长福"实只是长伴的"单贫",而友人的"多才"却并非"福禄"之依据,这是对福祉冀望而不得的深沉憾恨。

唐代诗歌表现出人性的觉醒,故多张扬志向与情感,也表达理性思考的深入,故大胆否定天命与神赐,主张个人的修德与善行。唐诗的这一传统,对后世影响极大,因为中国传统的正统观、皇权观、福祉观都源于对天命的崇拜。在唐代自信、乐观、开放的思想文化背景下,它们受到挑战,遭到怀疑,不少人主张"祸福非天为""祸福有来由",如李白高调吟唱"天生我材必有用""我辈岂是蓬蒿人",表达的是自信与旷达,毫无自卑、乞怜之意。当然,人们对祸福的认识由自然无为,到起而自为,不再坐等、顺受,是一个认识更加深化、主张自觉实践的过程。

二、唐代学者的福祉观

(一)孔颖达解读"五福"

《尚书注疏》(二十卷,汉孔安国传,唐孔颖达疏、陆德明释)中的"洪范九畴"见于该书卷十一。"初一曰五行,次二曰敬用五事,

◎ (唐)孔颖达《尚书注疏》,明崇祯汲古阁刻本

次三曰农用八政，次四曰协用五纪，次五曰建用皇极，次六曰乂用三德，次七曰明用稽疑，次八曰念用庶征，次九曰向用五福，威用六极。"

孔颖达认为，"此畴以大中为名，故演其大中之义、大中之道。大立其有中。欲使人主先自立其大中，乃以大中教民也。凡行不迁僻，则谓之中。《中庸》所谓从容中道，《论语》允执其中，皆谓此也。九畴为德，皆求大中，是为善之总。故云'谓行九畴之义'。言九畴之义，皆求得中，非独此畴求大中也。此大中，是人君之大行，故特叙以为一畴耳。"（《尚书正义》卷十二）孔颖达以"大中之义"来概括九畴的主旨，要求"人主"以"大中之道"来教化民众，九畴因此成为教化民众的道德范畴。孔颖达指出，此大中之义、大中之道，与《中庸》所谓"从容中道"，《论语》的"允执厥中"，有着相辅相成的作用。

九畴之间的相互关系如何？孔颖达特别强调了其五"建用皇极"、其二"敬用五事"、其九"向用五福"的主要作用。他说："皇，大也。极，中也。施政教，治下民，当使大得其中，无有邪僻。故演之云。"何谓大中？孔颖达认为："当大自立其有中之道，以施教于民。当先敬用五事，以敛聚五福之道，用此为教，布与众民，使众民慕而行之。"孔颖达对于九畴和五福的解读，对后世学者有很大启发，产生了很大影响。

（二）林慎思解福

长乐籍晚唐进士林慎思，在京畿万年县知县任上时，适逢黄巢起义军攻打长安，林慎思率众撄城固守，寡不敌众，城破被执。黄巢劝降，慎思怒斥，抗首白刃，不屈而死。朝廷嘉其忠节，后人为之立祠表义。

林慎思自号"伸蒙子"，曾著《续孟子》《伸蒙子》二书，在"自序"中称"予所学周公、仲尼之道，所言尧、舜、禹、汤、文、武之行事也"，表明自己的学说渊源与旨归都在孔孟儒学传统。他还声明自己的文章，有的是"引事以明理"。果然，他在《伸蒙子》卷下"时喻"篇"讥惑"章，为申述福祸、归隐的道理时，即引事以阐明义理，

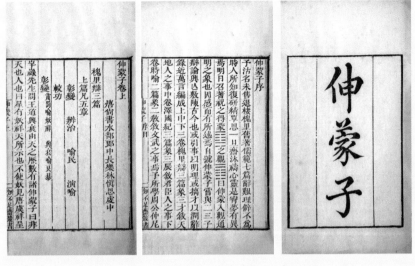

◎ （唐）林慎思《伸蒙子》，清知不足斋丛书本

引虫鸟之事，明祸福之理。为便于理解他文章的本意，特引录原文如下："丝虫，常丝也，绊人之身，孰曰喜邪？枭鸟，常舌也，鸣人之面，孰曰怪邪？以其为喜，未闻归福于乱；以其为怪，未闻降祸于德。是岂虫鸟之动有征邪？盖为小人观听不能无惑耳。"林慎思认为，喜（即蟢，古人称嬉蛛，即蜘蛛）乃吐丝之虫，所吐之丝为捕食昆虫，于人只会缠绊人身，并无好处，何喜之有？如果真视其为喜，没听说有把福分归于乱丝的。另外，枭鸟也只是普通的鸺鹠（猫头鹰），鸣叫之声只是一般的鸟鸣，认为它对人发叫声，是怪异行为、不祥之兆，也没有听说灾祸会存于有德之中。难道虫、鸟的动作会对人有什么征兆吗？这恐怕是人的视听有可能受到惑乱罢了。由此可见，林慎思的祸福观还是属于唯物论的，认为虫鸟归虫鸟，它们的名字、叫声与人的祸福无关。他进一步得出结论："盖为小人观听不能无惑耳。则知妖容露于人，人皆爱也，岂知绊人之心为疾乎？嗔语示于人，人皆恶也，岂知鸣人之过为诚乎？"他以虫鸟作譬认为，常人视听的谬误常受直观现象的迷惑，即人们只注意于表面的丽色、直言，而不领会其惑乱人心或诚勉人过的作用。可见，林慎思坚持儒家以德为本的祸福观，对祸福的来由作理性的唯物论的诠释，这应是儒家祸福观的历史性进步，也是向科学迈进的一步。

宋代理学家十分关注九畴、五福等经学内容，集中体现在他们对福文化基本理念的阐释上。宋代理学家在对儒家经典的解读中，充分体现了他们的福文化观点。他们阐扬"洪范九畴"治国之道，诠释并深度解读"五福"的具体内容，推进了福文化的研究和传播，产生了广泛的社会影响。

一、胡瑗对"九畴""五福"的解读

胡瑗，字翼之，泰州如皋（今江苏如皋）人，北宋理学先驱、思想家，世称安定先生，与孙复、石介并称"宋初三先生"。

◎（宋）胡瑗《洪范口义》，清末丁氏补抄四库全书本

胡瑗有《洪范口义》上下二卷，其中对"皇极"的解读，大体沿袭孔颖达"大中之道"说法，但对"大中之道"的具体表现则作了更深一步阐释。他说："次五曰建用皇极，皇，大；极，中也。言圣人之治天下，建立万事，当用大中之道。""故一门之内得其中，则父义、母慈、子孝、兄友、弟恭；朝廷之内得其中，则君义、臣忠，四海无淫朋之人，一乡一党则无遗亲，此皇极之道行也。"（《洪范口义》卷上）他认为将"大中之道"用之于家、行之于朝，都会取得良好的治理效果。

他认为，在"九畴"中，"皇极"是"万事之祖"，处于"中"的地位；它与其余八畴的关系，《洪范口义》卷上曰：

> 故皇极行则五行不相侵，五事不相徇，八政以之成，五纪以之明，三德以之平，卜筮以之灵，庶征以之顺，五福来臻，六极不至矣……盖皇极者，万事之所祖，无所不利，故不言数也。以此观之，包括九畴总兼万事，未有不本于皇极而行也，故处于中焉。

关于"五福"与"六极"的作用，胡瑗在《洪范口义》卷上中认为：

> 以五福者，天下之民所共欲，故王者用是五福之道劝民，慕而归之，以趋于治也。六极者，天下之民所共恶也，王者用是六极之道威民，畏而惧之，以避其乱焉。是五福六极，莫非圣人用人以为天下之数，故曰次九。曰"飨用五福，威用六极"，然次于九畴之末者，何也？首陈五行，是圣人法天地以为德，渐次为始，天时顺而休征至，则五行皆得其性矣。庶征即叙则政教之成败著焉，故彝伦叙而政教成，则五福之道彰；彝伦败而政教悖，则六极之报应。五福者，君子之吉，成德也；六极者，人道之穷也。如是，则王道终始，斯可见矣，故因而终于九畴焉。

总之，胡瑗认为，以"五福"之道劝民向善，使民众慕而归之，天下就能趋于治；以"六极"之道威民远恶，使民众畏而惧之，天下就能避其乱。

二、林之奇对"九畴""五福"的解读

林之奇，字少颖，号拙斋，世称三山先生，福州人。林之奇是南宋福建名儒、著名理学家，以研究《书经》学而知名于当世，著有《尚书全解》。他曾师从浙东名儒吕本中，吕氏教之以广大为心、以践履为实。

林之奇对"九畴"的看法，与胡瑗有所不同。他认为"九畴"的重要性，应按"九畴"的先后排列次序作定夺，即所谓"各有定体"。

对"五福"之说，林之奇认为，如果能"使民享五福之庆，而不知有六极"，这是国家治理所应该追求的重大成果和终极目标，故

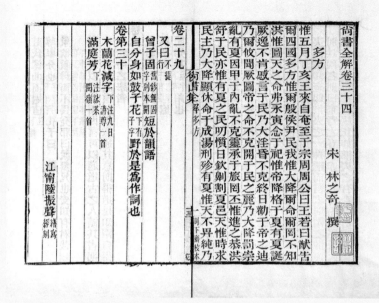

◎ （宋）林之奇《尚书全解》，清刻本

列之于"九畴"的最后。林之奇认为，在"九畴"中，排列第九的"五福"最为特殊，"其畴一而有二，名曰五福，曰六极"。

对"五福"，林之奇也提出不同见解。其一寿，先儒解读为可以活到120岁，林之奇认为："寿者，止是终其天命，而不中道夭也。"其二富，"先儒以谓财业之备，亦不必然。足于衣食是富也"。其三康宁，他引用北宋孙元忠的话说，"以谓形康而心宁"，也就是说，康宁不仅仅是外在生活的安逸，更是内心的安宁。其四攸好德，"所好者德也"，指的是对美好道德的追求。其五考终命，他不同意将此解读为"终其天年"，而是采用泉州人吕惠卿的说法："考，所谓父母全，而生之子全而归之者也。"将考终命从传统的个体终其天年，转移到对上下几代人的生命传承与香火延续上。对考终命，林之奇还引用曾子的说法，用"成"来解读"考"。他说："考，成也，成其终则无亏矣。"如果以终其天年来解读，那就与"五福"之首的"寿"没什么区别了。

林之奇认为，此"五福""皆人情之所大欲也。王者安天下，本于人情，故其五事敬八政，用五纪，协皇极，建三德，又稽疑明则休征至，而五福被于民"。这是他对"九畴"与"五福"之间内在联系的基本揭示。他引用北宋张晦之《洪范解》的观点说："民舒泰则各尽其寿，乐业则各得其富，无疾忧所以康宁，知礼逊所以攸好德，不死于征战、不陷于刑戮，所以考终命，此说是也。盖此所论五福，非谓一人之身也，统天下之人而言之也。举天下之人而皆受福之报，则国家有无穷之休矣。"林之奇将"五福"由"一人之身"享，推衍及于"天下之人"，放眼天下国家，显然是对福文化的丰富和发展。

与"五福"对举的是所谓"六极"。他在《尚书全解》卷二十五中提出："六极者，五福之反也。若天下皆受五福，则不可不以六极为鉴戒。兢兢业业，唯恐斯民之一失其所也。"

林之奇后来成为朱熹掌门弟子黄榦的理学启蒙之师，在福建早期理学传播史上有着承上启下的重要作用。绍兴二十三年（1153），年方23岁的朱熹初入仕途，赴同安主簿任时经由福州，曾专程拜访林之奇，听他解读《书经》。据朱熹后来回忆，他在书院讲学时，曾告诉弟子们，讲解《书经》，"唯三山林少颖向某说得最好"。他认为，林氏《尚书全解》在内容方面有很多长处，对他的解说表示赞赏与推崇。

三、朱熹及其弟子解读"五福"

朱熹是理学的集大成者，在研究书经学中，对"九畴""五福"的理论和福文化的实践等方面，都有重要的贡献。《朱子语类》卷七十九载：

> 《洪范》一篇，首尾都是归从"皇极"上去。盖人君以一身为至极之标准，最是不易。又须"敛是五福"，所以敛聚五福，以为建极之本。又须是敬五事，顺五行，厚八政，协五纪，以结裹个"皇极"。又须义三德，使事物之接，刚柔之辨，须区处教合宜。稽疑便是考之于神，庶征是验之于天，五福是体之于人。这下许多，是维持这"皇极"。

所谓"首尾都是归从'皇极'"，是将"皇极"视为"九畴"的纲领。在"九畴"中,"皇极"居于统领和中心的地位,其余若干目包括"五福"等范畴,都围绕"皇极"而展开,并且维持"皇极"的中心统领地位。

朱子不同意"孔氏传训'皇极'为'大中'",且对"诸儒皆祖其说"的现象提出不同看法。除了在各地讲学中反复强调这一观点之外,他还专门撰写了著名的《皇极辨》一文。该文开篇即对以"《洛书》九数而五居中,《洪范》九畴而皇极居五"来论证"皇极"为"大中"的传统学说提出疑问。舍此之外,他另辟蹊径,说:"余独尝以经之文义语脉求之,而有以知其必不然也。盖皇者,君之称也;极者,至极之义,标准之名,常在物之中央,而四外望之以取正焉者也。故以极为在中之准的则可,而便训极为中则不可。"(《晦庵先生朱文公文集》卷七十二)

"皇极"与"九畴"其他方面的关系是什么?朱熹认为,皇极"既居天下之至中,则必有天下之纯德,而后可

◎ 朱熹像,明郭诩作,故宫博物院藏

福文化概论

以立至极之标准"。通过对《洪范》经之文义语脉的分析和解读，朱熹认为，"皇极"中的"皇"是对君主而言，"极"是指标准。他说："若箕子之言，有曰'皇建其有极'云者，则以言夫人君以其一身而立至极之标准于天下也。"这对传统的以"大中"解读"皇极"，可说是根本的颠覆。朱熹的说法得到后世的认可，如著名学者陈来认为：

> 首先，"皇极"中的"皇"是指君主而言，皇权本身并不能成为标准，君主只有按儒家思想修己正身，他的行为才能成为天下的根本标准。所以朱熹的皇极思想是对皇权的道德限制，而不是对皇权的无条件声张，这是朱熹皇极说的政治思想本质，与后世鼓吹皇权的皇极说不同。其次，作为标准的"极"常常矗立在物的中央，四方周围都以它为标准而取正。所以，"极"的位置常常在中央，但"极"的意思并不是中，"极"的意思是根本标准。特别是，如果照孔安国的说法，用"大"替代"皇"，用"中"替代"极"，下文的"惟皇作极"就变成"惟大作中"，文义就完全不通了，因此以"大中"解释皇极是不正确的。总之，在概念上，朱子认为"中"是"极"所矗立的位置，不是"极"的本义，"极"的本义只能是最根本的标准。反对以中为极是朱子的基本立场。[1]

诚如陈来所言，朱熹在此所强调的"极"是根本的标准，而"立"此"至极之标准"的，必须要有"天下之纯德"，此纯德何在，即在九畴之中，故朱熹说："故必顺五行、敬五事以修其身，厚八政、协五纪以齐其政，然后至极之标准卓然有以立乎天下之至中，使夫面内而环观者莫不于是而取则焉。"何谓"面内"？即面向九畴之内；何谓"环观"？即立足皇极，依次将列于皇极之前的五行、五事、八政、五纪和列于皇极之后的三德、稽疑、庶征、五福环绕着皇极这一中心运行。

具体到"皇极"与"五福"的关系，朱熹与其弟子蔡沈的观点如下：

从君与民的互动来说，"五福"是"敷锡"与"锡保"的关系。《晦

---

1 陈来："一破千古之惑"——朱子对《洪范》皇极说的解释［J］.北京大学学报（哲学社会科学版），2013（2）：5—17.

庵先生朱文公文集》卷七十二说：

> 其（指箕子）曰"敛时五福，用敷锡厥庶民"云者，则以言夫人君能建其极则，为五福之所聚，而又有以使民观感而化焉，则是又能布此福而与其民也。其曰"唯时厥庶民于汝极，锡汝保极"云者，则以言夫民视君以为至极之标准而从其化，则是复以此福还锡其君，而使之长为至极之标准也。

"敛"是聚集，"锡"通"赐"，"敷锡"即施赐。朱熹认为，君与民是互动的，君赐福于民，民感化君恩、报答君恩。如此，可以保持和稳固"皇极"标准的常态性和永久性。

从社会教化的角度来说，"五福"以及与其对应的"六极"，都是人君教化民众、造福或惩戒、恩威并举的工具。

朱熹的嫡传弟子蔡沈，撰有《书经集传》（又名《书集传》），这书朱熹生前来不及完成，晚年托付给弟子蔡沈。嘉定二年（1209），蔡沈不负师望，圆满地完成了这部书的写作。该书继承朱熹的理学传统，也对"皇极"与"五福"的辩证关系进行详细阐述。《书经集传》

◎《晦庵先生朱文公文集》，宋元明递修本

書經集傳序

慶元己未冬先生文公令沈作書集傳。明年先生歿。又十年始克成編。總若干萬言。嗚呼。書豈易言哉。二帝三王治天下之大經大法皆載此書而淺見薄識豈足以盡發蘊奧。且生於數千載之下……

書經卷之一

虞書

堯典

曰若稽古帝堯曰放勳欽明文思安安允恭克讓光被四表格于上下……

◎ （宋）蔡沈《书经集传》，清嘉庆刻本

卷四认为："极者，福之本；福者，极之效。极之所建，福之所集也。"在蔡沈看来，"皇极"作为人君治理天下的根本标准，也是推行"五福"的根本，而能否福泽天下、福润苍生，则是检验人君治理天下的得失成败之效。所以"人君集福于上，非厚其身而已，用敷其福以与庶民，使人人观感而化，所谓敷锡也。当时之民，亦皆于君之极，与之保守，不敢失坠，所谓锡保也。言皇极君民，所以相与者如此也"。

《书经集传》对"九畴"的解读，也继承和发扬了朱子的思想，其中对"皇极"的解读是："皇，君。建，立也。极，犹北极之极，至极之义，标准之名，中立而四方之所取正焉者也。言人君当尽人伦之至。"

在《书经集传》中，蔡沈对"五福""六极"的解读，实际上也是将朱熹散见于《朱子语类》《朱文公文集》等著述中的相关观点作了集中表述。其中对"五福"的解读是：

五福：一曰寿，二曰富，三曰康宁，四曰攸好德，五曰考终命。人有寿而后能享诸福，故寿先之。富者，有廪禄也。康宁者，无患难也。攸好德者，乐其道也。考终命者，顺受其正也。以福之急缓为先后。

对"六极"的解读是：

> 六极：一曰凶短折，二曰疾，三曰忧，四曰贫，五曰恶，六曰弱。凶者，不得其死也；短折者，横天也，祸莫大于凶短折，故先言之。疾者，身不安也。忧者，心不宁也。贫者，用不足也。恶者，刚之过也。弱者，柔之过也。以极之重轻为先后。五福六极，在君则系于极之建不建，在民人则由于训之行不行，感应之理微矣。

对"皇极"与"五福""六极"的关系，朱熹后学、私淑弟子真德秀将此纳入其所建构的大学之道"帝王之学"中。他在《大学衍义》卷二中说：

> 皇极建则举世之人皆被其泽而五福应之，故尧舜之民无不仁且寿者，此人君之所当向慕也，故曰"向用五福"。皇极不建则举世之人皆蒙其祸，而六极随之，故桀纣之民无不鄙且夭者，此人君之所当畏惧也，故曰"威用六极"。《洪范》九畴，六十有五字尔，而天道人事无不该焉，原其本皆自人君一身始。此武王之问箕子之言，所以为万世著龟也。

真德秀此说，与先儒诸如宋初胡瑗的说法有所不同。胡瑗认为以"五福"之道劝民向善，使民众慕而归之，天下就能趋于治；以"六极"之道威民远恶，使民众畏而惧之，天下就能避其乱。真德秀将胡瑗的劝民向善、威民远恶的主语"民"，转变为"人君"，无形之中，已将传统的"五福六极"之说融入他所精心建构和"衍义"的"帝王之学"思想体系之中。这对朱熹"正君心"的政治学说是个拓展和有益的补充。

同时，他还提出，作为人君，推行福文化要讲"洁矩之道"，提倡公平正义和道德规范。《西山文集》卷十八说：

> 故为人君者，处宫室之安，则忧民之不足于室庐；服绮绣之华，则忧民之不给于缯絮；享八珍之味，则忧民之饥馁；备六宫之奉，则忧民之旷鳏。以此心推之，使上下尊卑贫富贵贱各

◎（宋）真德秀《大学衍义》，明崇祯刻本

得其所欲，有均齐而无偏陂，有方正而无颇邪，此即谓洁矩之道。

针对历代帝王都希望能长命百岁的福寿观，真德秀有针对性地提出了"德寿观"，并于端平元年（1234）十二月上奏宋理宗。《西山文集》卷十四集中阐释了这一观点，其大旨有五：一曰无逸则寿。所谓"无逸"，即作为帝王，不能贪图安逸。他引用上古的史料说："昔周之成王盛年嗣位，周公恐其不知稼穑之艰难而乃逸也，则为书以戒王。""文王之所以能无逸者，以其敬也。"以敬畏之心，克制贪图安逸之心。他提出"上敬天，下敬民，则游田不敢盘，酒德不敢恢，培养厚而根本强，持守严而心志定，是固集福之源、曼寿之基也"。敬天与敬民，儒家的天道与民本，在此得到有机融合。

二曰亲贤则寿。亲贤臣远小人，其关系甚为密切。《诗经·卷阿》有言："有冯有翼，有孝有德，以引以翼。"真德秀认为："有如是之人日侍左右，然后迪其君于道而受天之福也。"即以贤臣迪君于道而受天之福。

三曰以孝奉先则寿。在此，真德秀认为："王者以孝事其先，而祖宗亦以寿祉遗其后人也。"

四曰仁则寿。他说："孔子论知、仁之别，而曰'仁者静'，又曰'仁者寿'，唯静故寿也。仁者之心，纯乎天理而无私欲之扰，故其体安定而正固，其效悠久而绵长。然静非兀然枯槁之谓也。"

五曰有德则寿。他说："《中庸》称舜之孝，以为'大德者，必得其寿'。"此大德，并非生而有之，须"栽者培之"，即"天之生物，因材而笃，栽培倾覆，唯所取焉"。

真德秀称此五条是儒学"圣经之格言，万世人主之药石"。此药石，主要针对的就是"人君不知圣贤致寿之道，而溺于神仙方士之术，故汉有文成、少君，唐有柳泌、赵真辈，皆以荒忽诞幻蛊其君，至于饵药以长年，未有不为所误者"。碍于其所处的时代，真德秀只能批评汉唐的君主"溺于神仙方士之术"，其实，两宋帝王类似的现象亦层出不穷。

四、黄镇成论"洪范九畴"

黄镇成，字元镇，号存斋、紫云山人等，邵武人。元代以荐授江南儒学提举，未上而卒。黄镇成以山水田园诗而著称于世，著有《秋声集》四卷。同时，黄氏也是一位书经学研究的学者。在元代为数不多的福建书经学成果中，他所著《尚书通考》十卷，在朱熹、蔡沈《书经集传》的基础上，加以发挥。

黄镇成将"洪范九畴"视为

尚書通考序
宋元之際閩之樵川儒學蔚起若嚴粲明卿之於詩
黃清老子肅之於春秋黃鎮成元鎮之於書易
有通義書有通考各十卷于所見者惟嚴氏之詩緝
黃氏之尚書通考而已通考紀尚書名物度數舉夫
七政九疇六宗五禮方州之貢賦水土律呂之長短
忽微皆著其說以圖彙集諸家而襄
法存焉數度名物靡非經法之所寓稍有未晰則無
以措諸事而施於用何以免不學墻面之識乎是編
由器而寓夫道由數以達其義學者能詳考精察於

◎（元）黄镇成《尚书通考》

治理天下之"纲"。九畴之五"建用皇极",为"治天下之法"。九畴之一至四"本之以五行、敬之以五事、厚之以八政、协之以五纪"为"皇极之所以建也";九畴之六至九"乂之以三德、明之以稽疑、验之以庶征、劝惩之以福极","为皇极之所以行也"。他认为,九畴所谓"向用五福,威用六极","向,所以劝也;威,所以惩也"。也就是说,"五福"与"六极",是恩威并举的治理社会、造福民众的治政举措。

第三节 理学家为民谋福的理念与践行

宋元理学家不仅有众多关于福祉的理性论述,而且在施政中也从民本思想出发,有许多为民造福的实践。这方面朱熹最具代表性。朱熹对我国古代民本思想作了理论性的阐释和开创性的实践。

一、理学家的福祉理念与谋福实践

朱子文化思想实质是民本思想,体现在其造福于民的理念与实践中。他的"国以民为本,社稷亦为民而立"主张出自其《孟子集注》,表现出他为民谋福、为民造福的民本思想。他又说:"丘民,田野之民,至微贱也,然得其心,则天下归之;天子,至尊贵也,而得其心者,不过为诸侯耳,是民为重也。"

天子之心与"丘民"之心相比,孰轻孰重?朱熹肯定的是后者,这是朱熹民本思想的最高表述,也是对孟子"民为贵,社稷次之,君为轻"和《尚书·五子之歌》"民唯邦本,本固邦宁"思想的继承和发展。"明天理"是朱熹的重要思想之一,其中,为民造福的民本思想也是朱熹所认定需要"大明于天下"的重要"天理"之一。他认为,儒家"民唯邦本"的学说不明于时,"天下事决无可为之理"。

朱熹在施政中,注意把民本思想落实在政事中,留下诸多影响深远的民本实践经验。淳熙七年(1180),他在《庚子应诏封事》中,

◎ 五夫社仓旧址

向宋孝宗提出："天下国家之大务，莫大于恤民，而恤民之实在省赋。"把恤民省赋提到"国家之大务"的高度，与其"国以民为本"的政治哲学思想是一致的。

南宋时期赋税苛重，各地的"杂派"多如牛毛。朱熹对此极为反感，指责道："古者刻剥之法，本朝皆备。"他认为，这些与儒家民本思想背道而驰的苛政，是造成民力"重困"的根本。朱熹的主要政事之一，就是落实其薄赋、省赋的政治主张，他提出罢免"民所不当输，官所不当得，制之无艺，而取之无名"的苛赋；对那些"巧为科目以取之于民"的"无名之赋"，主张"悉除"之，即全部蠲除。

朱熹"恤民"思想特别地落实在荒政实践中。早年在五夫，为救济乡亲，他亲自策划建"社仓"，首创以民间储粮和社会救济的方式推行"朱子社仓法"。他的这一方法，后经总结和推广，成为南宋以降一项重要的荒政制度。朱子社仓法既是朱熹恤民思想的具体体现，也是儒家民本思想在实践中矗立的一座丰碑。他在南康、在浙东，全力抗旱、抗洪救灾，与唐仲友等一批贪官作斗争，甚至不惜得罪当朝宰相王淮，目的都是救民于水火，造福于百姓。

两宋时期，福建以及南方不少地区都有溺婴、弃婴的恶习，朱熹以溺婴等恶习显然完全违背先儒所传授的五福之理，劝人们向善，以六极警示人们戒恶。其实，许多儒家学者像陈襄、刘彝、朱松都倡导"戒杀子"，或强文以告，禁止各地的恶习。刘彝在任虔州（今赣州）知州时，遇上饥荒，民不聊生，经常有人将幼婴丢弃在大道旁。刘彝命人在交通要道上张贴告示，呼吁境内民众收养弃婴，并以每天给每位婴儿发放广惠仓米两升的对策，来鼓励百姓领养。

朱熹的弟子廖德明在莆田知县任上，体恤民艰，建慈善机构性质的仁寿庐，朱熹为之书写《书廖德明仁寿庐条约后》，称赞这项举措以"先王已坠之典，以活中路无告之人，固学道爱人之君子所乐闻而愿为者"，认为这种造福于民之举，值得推广。此文写于庆元二年（1196），这时，朱熹身处"庆元党禁"的迫害之中，却仍有福民之胸怀。

朱子晚年在漳州"行经界"，因为得罪了利益集团，最后没有成功。行经界是针对"贫者无业而有税""富者有业而无税"的社会不公现象而采取的一项政策。"业"指的是田产和土地，行经界就是丈量土地，落实占有量，其目标就是抑制豪强、造福百姓，故遭到利益集团的强烈抵制。

二、朱子对福祉的义理评判

朱子认为，祸福利害、是非曲直，应有义理的评判标准。这是朱子在书院讲学中，对他学生宣讲的福祉观点，主要表现在敬与福、仁与福、孝与福诸方面。

（一）敬与福

《朱子语类》第一百二十二卷载，浙江永嘉的钱木之问朱子：

"东莱《大事记》有续《春秋》之意，中间多主《史记》。"

曰："公乡里主张《史记》甚盛，其间有不可说处，都与他出脱得好。如《货殖传》，便说他有讽谏意之类，不知何苦要如此？世间事是还是，非还非，黑还黑，白还白，通天通地，贯古贯今，决不可易。若使孔子之言有未是处，也只还他未是，如何硬穿凿说？"

木之又问："《左氏传》合如何看？"

曰："且看他记载事迹处。至如说道理，全不似《公》《谷》。要知左氏是个晓了识利害底人，趋炎附势。如载刘子'天地之中'一段，此是极精粹底。至说'能者养以之福，不能者败以取祸。'便只说向祸福去了。大率《左传》只道得祸福利害底说话，于义理上全然理会不得。"

这段话的大意是，祸福利害、是非曲直，首先要从义理上加以理会，不能像《左传》那样，只讲祸福利害，不讲义理。评价世事的是与非、黑与白，也要以义理为准则，以义理来评判，不能穿凿附会。

朱子认为，这一义理标准，首要的是"敬"字。朱子批评《左传》"于义理上全然理会不得"，主要就是批评其于"敬"字上全然缺失。众所周知，朱子理学强调："敬字工夫，乃圣门第一义。彻头彻尾，不可顷刻间断。"（《朱文公文集》卷五十六）"圣门"，指的是传统儒学阵营；"第一义"，是说"敬"是儒学最重要的道德修养方法，必须长驻心中；"不可顷刻间断"，所以是居敬，这是理学家最为重视的修身功夫。它讲究"内无妄思，外无妄动"，是一种端正诚实的人生态度。朱子认为，评判祸福利害、是非曲直，断然离不开此"第一义"。

史载，鲁成公十三年三月，鲁成公与晋侯朝拜周简王，会同刘康公、成肃公准备一起伐秦。其时，成肃公在社庙祭祀，不敬王室，刘康公批评他说："吾闻之，民受天地之中以生，所谓命也。是以有动作礼义威仪之则，以定命也。能者养之以福，不能者败以取祸。是故君子勤礼，小人尽力。勤礼莫如致敬，尽力莫如敦笃。敬在养神，笃在守业。国之大事，在祀与戎。"（《春秋经传集解》卷十三）"祀"即祭祀活动，仪式庄严而隆重。"戎"是军事行动。作为"国之大事"，"敬"在礼仪中显得特别重要，是"养之以福"或"败以取祸"的重要分界。故刘康公说"勤礼莫如致敬""敬在养神"。刘康公对成肃公的批评，就在"祀与戎"两件大事上，都因成肃公的不敬而遭受挫折。朱子列举这个例子，批评《左传》对刘康公"民受天地之中以生"的一段议论，只看到其中所言祸与福、利与害，却对"敬"的义理价值视而不见。这是朱子作为理学家对春秋史实所做的义理评判。

（二）仁与福

仁是孔孟儒学所提倡的最重要的道德理念，是以民为本思想在道德领域的落实，是为民造福的理论指导。朱子有诗说："在昔贤君子,存心每欲仁。求端从有术,及物岂无因? 恻隐来何自,虚明觉处真。扩充从此念,福泽遍斯民。"（《朱文公文集》卷二）

其主旨是以孔子仁学思想为基础，扩展孟子的"四端"之说，尤其是"恻隐之心,仁之端也"，以此扩充福泽，善待万民。

先圣有言："知者乐水,仁者乐山。知者动,仁者静。知者乐,仁者寿。"二程将此解读为："乐,喜好也。知者乐于运动,若水之流通;仁者乐于安静,如山之定止。知者得其乐,仁者安其常也。"（朱熹《论语精义》卷三下）寿为五福之首，朱子将此解读为"人有寿而后能享诸福, 故寿先之"。仁者因施行仁义，乐于安静，能达到自身长寿的功效。朱子认为："仁者安于义理而厚重不迁,有似于山,故乐山。动静以体言,乐寿以效言也。动而不括故乐,静而有常故寿。"（《论语集注·雍也第六》）仁者之福体现在长寿的功效上，这也是一种福报。同时，这也是儒者推行仁义思想的一种动力。

（三）孝与福

孝是儒家伦理思想的核心，是千百年来中国社会维系家庭关系的道德准则，也是中华民族的传统美德。儒家主张养生送死，是为人之子应尽的孝道，同时也是家人亲情之表现，所以自古备受重视。

《孝经》是儒家专讲孝道的典籍，相传为孔子、曾参所著。全书共 18 章，主要内容为教臣民行孝道，并由孝而劝忠，有利于维护统治，因此被历代统治者所重视。家庭是社会的细胞，而孝道则是维系家庭和睦最基本的道德准则。不讲孝道，家庭就不和谐，社会就不可能长治久安。

《孝经·开宗明义》就讲"夫孝,始于事亲,中于事君,终于立身"，说明养成道德完善之人必须从家庭开始，培养孝道是更好走向社会的开端。

◎《孝经》，清光绪刻本

除了以上基本认识之外，孝与福也有密切关系。在《仪礼经传通解》（卷四）中，朱子提出"婚姻，祸、福之阶梯"的观点，说的是无论男女，在择婚时，首要选择孝悌之人，才有福，否则随之而来的是祸。在同书中，朱子指出，"《易》曰：'正其本，万物理。'失之毫厘，差之千里，故君子慎始也。《春秋》之元，《诗》之关雎，《礼》之冠婚，《易》之乾巛（川），皆慎始敬终云尔。谨为子孙娶妇，必择孝悌，世世有行义者，如是则其子孙慈孝，不敢淫暴，党无不善三族辅之。"

◎（南宋）佚名《女孝经图卷》（局部），南京博物院藏

真德秀有诗云："鞠育当知父母恩，弟兄更合识卑尊。孝心尽处通天地，善行多时福子孙。"（《西山文集》卷一）他对朱子所说作了诗意的表达。由此可知，有福之人要从孝悌始。

"孝"是传统儒家文化的核心内容，千百年来一直作为伦理道德之本、行为规范之首而备受推崇。《孝经》中的孝亲敬老思想具有普遍价值，既可以成为封建社会治国安邦的良策，同样也可以成为构建社会主义和谐社会的借鉴。

正是基于以上认识，朱子提出："福之兴，莫不本乎室家。"准确点说，就是"天下之本在国，国之本在家，故人主之家齐，则天下无不治；人主之家不齐，则未有能治其天下者也……"（《朱文公文集》卷十二）

三、朱熹为民谋福的实绩

如前所述，朱子对民本的追寻不仅是思想上的探讨，亦是其一生始终践行的理念。他在担任地方官时，就倡导薄赋恤民、兴办教育，努力造福于民，将其民本思想落实到具体政事上。

首先，朱子主张薄赋，反对重敛。南宋时期赋税苛重，朱熹极为担忧。他以陆贽之言劝喻孝宗："民者邦之本，财者民之心，其心伤则本伤，其本伤则支干凋瘁而根柢蹶拔矣。"在朱熹看来，从国家长远利益着眼，征赋税切莫竭泽而渔，应"视入为出，罢去冗费，而悉除无名之赋，方能救百姓于汤火中"。朱熹的主要政事之一，就是在这些苛捐杂税的包围之中为百姓开辟出路，以落实其薄赋、省赋的政治主张。在南宋士大夫中，朱熹第一个提出罢免"民所不当输，官所不当得，制之无艺，而取之无名"的苛赋，主张"悉除"那些"巧为科目以取之于民"的"无名之赋"，让百姓有所劳且有所得，直接提升百姓的获得感。朱子在担任南康军知军、提举两浙东路常平茶盐公事、漳州知州等任上，均采取措施蠲免税钱和整顿赋税名目。

其次，朱子主张爱护百姓，力主救荒。他说："天下国家之大务，莫大于恤民。"不论为官抑或赋闲，朱子始终重视恤民，这具体表现于他的荒政实践中。朱子早年在建阳五夫，亲自策划建立社仓，在南康军任职时，他以工代赈，募民修堤，既解决了灾民缺食问题，又修筑了河堤，"实为公私久远利济之惠"。

再次，朱子主张轻徭役宽民力，反对繁重夫役。南宋孝宗时，全国各地试行"义役"制，即役户共同出钱买田资助当役之人，但因豪强实际把持义役田和役次推排，吃亏的始终是下户。朱子批评此"义役制"是"困贫民以资上户"，破坏合理负担，妨碍农业生产。朱子还主张"爱养民力"，他认为，只有"宽民力"，使农民得以休养生息，才能更好地发展生产。

最后，朱子每到一处，都重视兴办教育，为社稷育才。他寻访、举荐民间贤达，使其为国家社稷效力。朱子知南康军时，发布《招学者如郡学榜》称，"无籍者给食，有籍者以次差补职事"，其惜才爱民之心可见一斑。"漳上真儒"陈淳便是朱子知漳时延请至州学的贤才，后成为朱子理学的重要传人，所著《北溪字义》被尊为"东亚第一部哲学辞典"。朱子为官时日不长，任上多次兴建书院，亲自制定《白鹿洞书院学规》，深刻影响了后世的书院文化。

朱子施政的举措，其目的都是造福百姓，救民于水火。为此，他甚至不惜得罪权贵。淳熙九年（1182），浙东大饥荒，朱熹奉命巡视，一路赈济灾民，也查出不少官吏的失职行为。他毫不留情地上书弹劾衢州知州李峄、江山县知事王执中、宁海县知事王辟纲等人侵吞公款、救灾不力。其中，最震动朝野的是旬月之间六次弹劾台州知州唐仲友，揭发他的劣迹，包括促限催税、贪污淫虐、偷盗官钱、伪造官会等。唐仲友是当朝宰相王淮的女婿。此事最终以唐仲友免职、朱熹辞官结局。可见，朱子为了救民于水火，面对权贵毫无惧色，即便付出丢官的代价也在所不惜。他以实际行动践行了自己所倡导的造福于民理念。

由上可知，以朱熹为代表的宋儒，对于"福"或"五福"的理解更进了一步，从一般的福祉观念，上升为执政者造福百姓的惠政实践。这是从民本思想出发的政治实践，在宋儒眼中，福祉已不再是泛泛而谈的善美概念，也不仅仅是祈求神明恩赐的虔心，而是所

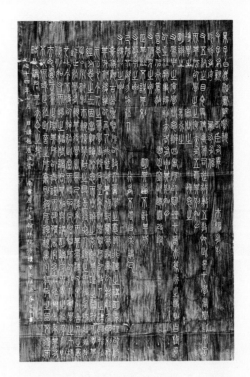

◎《朱子白鹿洞书院学规》拓本

有居上位者（包括帝王）为民造福的政治目标与行政施为，也是各级官员善政惠民实践的出发点。朱子的从政思想和施政措施，突出地表明了这一点。

我国传统的福文化思想，经过宋儒深入研究和详尽解说，已经清楚地表明，谋福之道、造福之途全在于当政者从为民目标出发的行政施为，这就颠覆了古圣先王宣扬的"敬天保民"思想和乞灵于天地神灵的神道说教，真正表现出"反求诸己"和"自求多福"的正确主张。这是福文化思想史上的一大进步。

第四节　明代学者论福祉

明代研究心性之学的理学家，著名者有王阳明、湛若水、吕坤、魏校等，还有明晚期的马明衡、黄道周，他们对徼福之说也都遵循儒家传统思想，从伦理道德出发进行解说和演绎。

王阳明讲"祸福利害之说"，即主张"君子以忠信为利，礼义为福。苟忠信礼义之不存，虽禄之万钟，爵以侯王之贵，君子犹谓之祸与害；如其忠信礼义之所在，虽剖心碎首，君子利而行之，自以为福也，况于流离窜逐之微乎？"这就清楚地表明，传统儒家都是执守忠信礼义，以之为致福之本、徼福之阶。

王阳明主张忠信仁义"为福"，正是孔孟儒家特别是孟子所主张的"大丈夫"精神的体现。王阳明心目中的"祸福利害之说"，原来强调的还是个人道德的修养与持守，祸福利害均在于是否保其忠信礼义之节操，这较宋儒主张之上又前进了一步，这里面已不再有"天命"与神灵赐福的说教。当然，这也是符合王阳明"破心中贼"的心学理念的。

与王阳明同样知名的理学家湛若水则认为，人可胜天，亦可转祸为福，关键在于个人的作为和追求，他说："天人有

◎ 王阳明像，明曾鲸绘

交胜之理，祸福有倚伏之机。何也？其所由来者渐矣，不知其萌而谨之，则福将日替而祸将日炽矣，可不畏也？唯能反之于心而乾乾以终日，则人可胜天，祸可使福。故曰祸福无门，唯人所召。祸福无不自己求之者，唯明主独观祸福之原而谨之于豫可也。"

湛若水主张的"天人交相胜"，较以前儒家主张的任天、道家主张的法自然都有不同。认为人可胜天、祸可使福的关键在于人们自身的"乾乾自惕"，即谨慎修养德行，而且要时时刻刻不松懈，积渐而成，识于初萌，谨慎保持，如此不仅可以修福、保福，而且可以转祸为福。这样的祸福转化思想，也是"天命观"论者所不能及的。

吕坤在《为善说》中指出："善者皆凶，而君子不敢避善以趋吉；善者皆祸，而君子不敢忘善以徼福；善者皆毁，而君子不敢违善以要誉。"他旗帜鲜明地告诫人们一定要坚持"为善"，认为终有福报之日。为善贵在坚持，方为真善，即使眼前（一时）蒙受的是凶灾、祸患、毁谤也不放弃，因为他坚信事实和真理终有大白的时日。

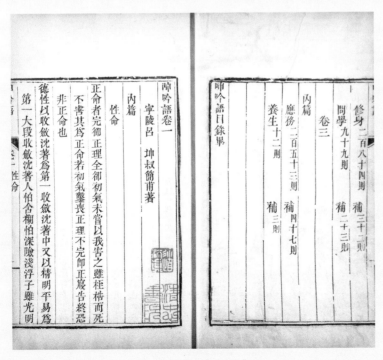

◎（明）吕坤《呻吟语》

这种坚持为善的精神，苦忍不移的心志，反映出儒家思想中士大夫为担当大任而百折不回的气概。这也只能是坚持认为为善可以徼福、趋吉、要誉的贤人志士才可以做到的。

魏校在《论性书》中回答别人提出的"有为善而未必得福，为恶而未必得祸，甚则有祸福与善恶相反者"时，应道："义所可，君则为之；义所不可，君则勿为。其于毁也奚以怒？其于誉也奚以喜？祸福之在天也，莫之致而至，非今所能移；莫之为而为，非我所能必。若见利而趋，见害而避，亦惑也已矣。"他对为善未得福、为恶未得祸，甚至有反其道者询问的答复，似乎较王、湛、吕的解说更趋于消极些，只是提出要看义所规定的可与不可，也不顾人家的毁誉，一本自己所当为；另外他还把祸福之来归之于天，只能听而受之，不应趋避，其对祸福的认识较同时代人似乎有所退步，显得消极。

马明衡，字子萃，莆田人，明代经学家、书法家。正德九年（1514）进士，官至监察御史。师从王阳明，是闽中王学的代表人物。《明史》称"闽中学者率以蔡清为宗，至明衡独受业于王守仁。闽中有

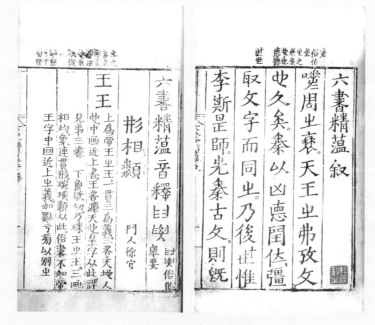

◎ （明）魏校《六书精蕴》

王氏学，自明衡始"。马氏所著
《尚书疑义》六卷，成书于嘉靖
二十一年（1542）。他自序云：
"凡于所明而无疑者从蔡氏，其
有所疑于心而不敢苟从者，辄
录为篇。"所谓蔡氏，指的是宋
人蔡沈的《书经集传》，书中不
少与蔡氏异见，四库馆臣认为：
"皆能参酌众说，不主一家，非
有心与蔡氏立异者。"（《尚书疑
义》卷首《提要》）

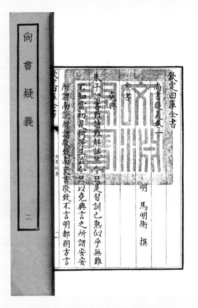

◎（明）马明衡《尚书疑义》，四库
全书本

马明衡与朱熹《皇极辨》
的观点不同，他说："'皇极'
二字，自汉以来训'皇'为'大'，
'极'为'中'，谓为'大中之道'。至宋诸公始异其说，以'皇'
为'君'，'极'为'至'，朱子盖深论之，而尤谓'极'字不可为'中'。"
他认为："此皆未免专就文义上理会，然其实道理亦不能离乎'中'
之一字也。"他坚持以"大中之道"解读九畴五福。认为"福者"，
乃"德之安裕"。如果"人能尽大中之道，则至和，咸萃五福敛聚于身。
自然之理，今立大中于上，而庶民咸化于下，是聚此五福，以敷锡
庶民也"。（《尚书疑义》卷四）他认为，五福之居九畴之终，并非
不重要，而是最重要，是"为治之极功"。他说："五福者，谓使天
下之人皆臻五福，而不至于六极也。使天下之人皆臻五福，此为治
之极功，故以居九畴之终焉。"在此基础上，他提出"五福全，则皇
极在其中"这一有别于先儒的观点。此说，就将达到"为治之极功"
的"五福全"，与"大中之道"在五福之域的完美实现画上了等号。

元明时期的理学家，大多继承朱熹的"皇极""五福"思想，而
罕有新解。值得一提的是明末学者黄道周的《洪范明义》。其中，他
对前人习以为常的"六极"提出疑问。他认为，六极之极，"极，疑
'殛'之讹也。经传无以'极'为咎者"。（《洪范明义》卷上）此说

◎（明）黄道周《洪范明义》

确有道理且具有说服力。黄道周还用《易经》和中医《素问》的理论，对"五福""六殛"作了深度的阐述，提出"五福之命，得于五行。六殛之命，受于六气"的见解。

第五节　清代学者论福祉

　　明清两朝是中国封建社会发展的鼎盛时期，封建政治、经济、文化和社会发展臻于极盛。清代是封建专制社会的发展巅峰，也是走向衰落并迅速进入转型的时期，表现在思想文化、意识形态方面，其成熟与转型同生并起，思想意识方面的发展虽然较经济、文化要滞后一些，但其变化的特点也是明显的。

一、王夫之"德福相因"论

明末清初大学者王夫之，号称"启蒙思想家"，他对传统观念自有主张，即既传承儒家，又别有新解。他继承先秦荀子"天人相分"的自然天命观，又主张"以人造命"，即把命分为"德命"与"福命"，认为应当修德造福命，因为"德肖于知，福有其能"，主张"人之有生，天命之也。生者，德之成也，而亦福之事也"。他认为人生下来是天命所赐，但以后的生成与生活状态，就不是全靠天命，而是由个人的作为（思想、行为、结果）所造成的，这就是本人自造的命运，包括造福与造孽两途。至于如何修德造福，养德受福，他进一步主张"德肖于知"，即品德修养的提升有赖于知识积累与学养的修习，这是个人知能的进步，也是造福的进阶。他明晰地阐述了福源于德、因于德，也取之于德的道理。他对德福关系有了创新性的诠解，这是非常重要的，也是十分有意义的，这扫除了宿命论的阴霾，澄清了理性思维的天空。不宁唯此，他还适时地提出了"性日生日成"的进步人性观，指出人的性情即本性和感情也是逐渐生成的，是可以变化的。这也打破了古代关于"性善论""性恶论"的固有樊篱，解除了固定不变的人性观和命定论。这对于当今人们的个人思想品德修养和良好品性的塑造，也有深刻启迪和借鉴作用。

所以，王夫之"德福一致"的观点、德福相因相资的论说，是对古代福祉观念的创新性解释，是对古代福文化理论发展的新贡献，也是对儒家伦理道德传统的新贡献。他以生生之德诠释人生福祉的造就与成长，把造福、成福归因于个人，是符合理性和科学的，它打破了千百年来封建统治者所鼓吹和宣扬的天命论，即君权神授、天地神祇赐祚、祖宗神灵庇佑等的说教，也否定了依赖先人、依仗父母余荫享受福祉的不劳而获、无德受福的错误思想，因而具有现实的积极意义。

二、张廷玉以"吾心真乐"为福

张廷玉是清康熙、雍正、乾隆三朝重臣，官至保和殿大学士（内

先公詩文集外雜著內有聰訓齋語一卷以示子
孫廷玉終身誦之雍正戊申己酉間屢從西郊

蒙
恩賜居澄懷園五姪筠隨往課兩兒讀書予退直之
暇談論所及姪逐日紀錄得數十條曰此可繼
聰訓齋語曰澄懷園語也予聞之慚恧不勝而
又不欲逸其壽集第衰集有限未爲完書自是厥
後凡意念之所及與典籍之所載
可以裨益學問擴充識見者輒取片紙書之納

澄懷園語自序

◎（清）张廷玉《澄怀园语》，清同治
刻本

阁首辅）、领班军机大臣，是杰出的政治家，也是大学者。他为官数十载，位极人臣，所著《澄怀园语》，乃是他修身处世、齐家为政的经验总结。他说道："为善所以端品行也，谓为善必获福，则亦尽有不获福者。"认为做善事目的在于端正个人道德品行，不应仅仅企望获得福报，事实上恰恰有一些善行未获得福报。他说明行善是为了修德而不是为福报的道理，如果人存行善求报之心，则如市道之交，必少行善之人。因为福报在后，且无预定，世人为获福而行善，则充满机心，失去行善养德的意义。

对于享福，张廷玉也自有他的灼见。他认为："人生乐事，如宫室之美、妻妾之奉、服饰之鲜华、饮馔之丰洁、声技之靡丽，其为适意皆在外者也，而心之乐不乐不与焉。唯有安分循理、不愧不怍、梦魂恬适、神气安闲，斯为吾心之真乐。彼富贵之人，穷奢极欲，而心常戚戚，日夕忧虞者，吾不知其乐果何在也。"

这一段话可以说是张廷玉的人生体验。作为高官显宦数十年，他阅历丰富，最后能如此开悟，实不易得。他最后总结的一句话告诉后人，幸福的真谛诚在于"心之乐不乐"，即心情的适意与否，这是十分有意味的。华屋美馔、靡声丽色，在他看来，皆是身外之物，不及于心；人生的乐趣和幸福感，全在于心神安闲恬适。这样的认识出自大富贵人的笔下，对他人实有教益。由此可以看出，在封建社会发展的极盛时期，虽有许多追求奢华、醉生梦死者，但也还是有少数清醒而理智的过来人，人生的幸福观也因他们的表白而呈现理智的品格。他的政治成熟表现在强调谨言慎行上面，指出可能有"一语而干天地之和，一事而折生平之福"，即告诫为人、为富言行必须谨慎，当大官者尤应如此。一语而关乎天地之大和者，非掌握大权的高官不能致，因为他们之言，关乎国家大体、百姓忧乐，不是儿戏，这一点应是他的经验之谈。因一事而折福，则常人亦有之，只是所关事体或许不大，但就其身而言应不算小；而居高位、处大事者则不然，动辄关乎国运民命，自身荣辱还算其小者，所折之福既大，故万不可轻忽。在张廷玉看来，事有大小，所关乎的福祉也有大小。所谓折福，只是一般而言，"折而损之"，似乎无伤大雅，其实不然。如林则徐所说，"地位益高，生命益危"。一事不善处，小则害事无功，大则祸国殃民，可不慎欤！

三、钱泳论"五福"

钱泳的《履园丛话》"臆论"篇有专论"五福"者，颇为精彩，并十分中肯。

> 《洪范》五福，以寿为先。有富贵而寿者，有贫贱而寿者，有深山僻壤衲子道流修养而寿者，未必尽以为福，何也？今有人寿至八九十、过百岁者，人视之则羡为神仙，为人瑞，己视之则为鲍系，为赘疣；至于亲戚故旧，十无一存，举目皆后生小子，不知谁可言者。且世事如棋，新样百出，并无快乐，但增感慨。或耳聋眼瞎，或齿豁头童，或老病丛生，而沉吟于床褥；或每食哽噎，而手足有不仁，虽子孙满前，同堂五代，不过存其名而已，岂可谓之福耶！

作者对五福之首的阐述，应该说是客观的也是中肯的。的确，人们皆以长寿为期望，但在古代，能达到耄耋甚至期颐者毕竟少之又少，即使能够达到，也会面临孤独的窘境和病痛的折磨，少有生的欢乐，这种有名无实之"福"，钱泳认为并不值得羡慕。当然，时至今日，社会长足进步，人们因生活优裕、医疗保障而大大延长了寿命，对高龄者的养颐与照拂，家庭、政府与社会都给予了关爱，

◎（清）钱泳《履园丛话》，清道光刻本

真正实现了"养怡之福，可得永年"的理想。当然，适老的服务还有许多有待完善之处，以解除高龄者的隐忧。

《洪范》五福，富居第二。余以为富者极苦之事，怨之府也。有贵而富者，有贱而富者，有力田而富者，有商贾而富者，其富不一，其苦万状，岂曰福乎？盖做一富人，谭何容易，必至殚心极虑者数十年，捐去三纲五常，绝去七情六欲，费其半菽如失金球，拔其一毛有关痛痒，是以越悭越富，越富越悭，始能积至巨万，称富翁。若慷慨尚义，随手挥霍，银钱易散，不能富也。或驳之曰："力田、商贾之富，或致如此，若今之吏役、长随、包漕、兴讼之辈，有一事而富者，有一言而富者，亦何必数十年殚心极虑耶？"余答之曰：子不见吏役、长随等人中有犯一事而穷者矣，或一死而穷者矣。总之，如沟浍之盈，冰雪之积，其来易，其去亦易。若力田、商贾之富，譬如围河作坝，聚水成池；然不可太满，一旦风雨坝开，亦可立时而涸，要知来甚难而去甚易也。

这段专论福富的妙文，广引博喻，鞭辟入里，真可醒世觉人。钱泳深刻分析富难成而易败，持盈不易、持久尤难的道理；同时指出，大富者殚精竭虑、苦力一生，实少享受，且损人伦天性，实难称福。

故古人常言"知足常乐""知足不辱，知止不殆"。个人对幸福的感受不易把握，其实若能止于知足，则十分简单，故人情之大害在于贪心而不知足。钱泳论富及福，诚为不刊之论。世人但知成富之乐、享富之福，殊不知为富之难、守富之艰。

> 《洪范》五福，其三曰康宁。盖五福之中，康宁最难，一家数十口，长短不齐，岂无疾病，岂无事故。今人既寿矣，既富矣，而不康宁，以致子孙寥落，讼狱频仍，或水火为灾，或盗贼时发，则亦何取乎寿、富哉！

> 或问云："寿、富非福，何者为福？"余则曰：寿非福也，康宁为福；富非福也，攸好德为福。人生数十年中，不论穷达，苟能事行乐，知止足，亦何必耄耋期颐之寿耶？苟能足衣食，知礼节，亦何必盈千累万之富耶？人生全福最难，虽圣贤不能自主，唯攸好德，却在自己，所谓故大德必得其位，必得其禄，必得其名，必得其寿也。然人生修短穷达岂有一定，宁攸德而待之，毋丧德而败之可也。

这一段实际上是钱泳对五福阐释的一个总结。他认为康宁是人生最重要、最实在的内容，恰恰最难以做到，因为它不但在于个人的努力追求和作为，还要依赖于自然的与社会的安定祥和，没有灾害与祸殃给人带来难以抵御的苦难。寿、富而无康宁何来之福？钱泳认为"攸好德为福"，即修德以求福。知福、知礼、修德行善，以待福报，这是个人唯一可以自为也应当为之的。关键还要抱持广种福田、不问收获之心，知足而已。作者认为"人生全福最难"，因为个人命运无法自主，取法乎上，仅得其中可矣，不能理想太高太多。能自为者只在本身之修德行善，自求多福，即攸德以待之。

钱泳在详解"五福"的最后总结说：

> 有生前之福，有死后之福。生前之福者，寿、富、康宁是也；死后之福者，留名千载是也。生前之福何短，死后福何长。然短者却有实在，长者都是空虚。故张翰有言："使我身后名，不

如即持一杯酒。"其言甚妙。

钱泳将"生前之福"与"死后之福"两相比较，感叹生前福短、死后福长，还得有实在之名。因此引张翰之语而贬"身后名"，其实张氏之言如不是牢骚话则只是腐儒之见，因为这显然过于现实、短视，缺乏家国情怀。孔子早就有"君子疾没世而名不称焉"之语，意在教导人们应争取长垂令名于后世。他自己做到了，被奉为"万世师表"。司马迁也说过："人固有一死，或重于泰山，或轻于鸿毛。"古之志士皆以立德、立功、立言为人生奋斗目标，岂能以寿命之长短而比较福分之厚薄呢？辛弃疾愤懑于报国无门，感叹屈才于众庶之中，在词句中痛申自己的志向，"了却君王天下事，赢得身前身后名"，成为千古名句，可见他作为志士，始终不忘报国济世、为国忘身。这里讲的都不是个人一时的荣辱得失。所以一切有志之士、有为之人，留下声名不是徒然的，也不是刻意为之，因为是自然的，故被载诸史册且播于人口，永久不会磨灭。当然，这在当代自应包括那些有科技贡献、学术贡献和各个领域中作出实实在在巨大贡献的人，他们必定长享声名幸福于永久。杜甫曾盛赞"诸葛大名垂宇宙"，"万古云霄一羽毛"。那"羽毛"就是志士精神的代表。

第六节　近现代谋福理念

近代以来，许多仁人志士、革命先辈目睹朝廷腐败、列强欺凌、民不聊生，决心救亡图存，他们为百姓慷慨请命，呼吁并践行为全体中国人民谋福利的主张。如孙中山 1905 年组织创立同盟会，声称发展文明"并负谋人民之幸福与安全"。他公开宣告："革命的目的，是为众生谋幸福。"他在诠释三民主义之民生主义时指出："我们的民生主义是图四万万人幸福的，为四万万人谋幸福就是博爱。""为人民谋幸福便要为大多数人谋幸福。"他还高瞻远瞩地指出："民国

◎ 孙中山书"天下为公"

之幸福，以统一为主"，国家"能够统一，全国人民便享福"，所以他的宏愿在"力谋中国之统一"。这些主张都是针对中国时弊的。他还号召社会精英，"为大家谋幸福"，"聪明才力之人专用彼之才能，以谋他人的幸福"。

由于孙中山的宣传发动，一批先进知识分子和爱国志士，如福州十杰林文、林觉民、陈更新、陈与燊等人，都慷慨赴义，视死如归。林觉民在临命前的《与妻书》中，敞开心扉坦言："吾充吾爱汝之心，助天下人爱其所爱。"并且安慰爱妻"亦以天下为念，当亦乐牺牲吾身与汝身之福利，为天下人谋永福也"。

孙中山与林觉民异口同声，称志在为人民、为天下人谋幸福，可见在半殖民地半封建的旧中国，革命志士均以谋人民大众之福为职志，为此不惜牺牲个人性命和家庭幸福而拼死斗争。这就是近代仁人志士为民"谋福"的豪迈誓言与果敢行动，值得后人钦敬与永怀。

中国共产党人有了马克思主义指导，找到适合中国社会实际的革命道路，又采取正确的战略战术和方针政策，经过艰苦卓绝的斗争和巨大的牺牲，最终推翻了"三座大山"，建立起人民政权，实现中华民族的千年梦想，人民当家作主。

毛泽东于1939年5月30日在延安庆贺模范青年大会上讲过："你们的前途是光明的，你们要代表全国大多数的老百姓，代表一切爱国的人，抗日的人，求中国独立、自由、幸福的人，并且是要永远的代表他们。"为此，毛主席还深情地指出："在北京参加五四运动的青年，是真正的模范青年，因为他们反对卖国政府，在五四运动中流了血，参加了那样的斗争。这些青年是革命的先锋队，为了中华民族的解放、独立、自由、幸福，进行了那样的斗争，英勇得很。"

◎ 为天下人谋永福（林觉民句，陈奋武书）

毛主席的讲话表明，延安是中国共产党领导下人民军队抗日的根据地，又是领导全国人民推翻国民党反动统治的出发地，他深情地寄希望于在延安的优秀青年，努力继承五四运动的爱国精神和革命斗争传统，为谋求我们国家的独立、自由和全民族的解放、幸福而英勇斗争，青年在这场斗争中要发挥先锋模范作用。在讲话中，毛主席明确指出了我们最终的奋斗目标就是国家的独立、自由，摆脱帝国主义和列强的殖民统治和掠夺，推翻"三座大山"，实现全民族的解放，最终实现全体人民的幸福生活。

中华人民共和国成立以后，中国共产党擘画为几亿人民造福，领导全国人民摸索前进，终于找到建设中国特色社会主义的正确道路。经过改革开放，努力发展经济，实现四个现代化的目标，消灭绝对贫困，进入小康社会，全体人民切身感受到实实在在的获得感和幸福感。进入新时代，习近平总书记提出建设中国式现代化的伟大目标，进一步造福于全体民众，他指出："中国共产党的一切奋斗都是为人民谋幸福。"所以从顶层设计到基层落实，中国共产党的一切谋划都在于为民造福。习近平总书记重点发声："国之大者就是人民的幸福生活。"不仅如此，以习近平同志为核心的党中央还提出"为人类谋进步，为世界谋大同"，让中国古老的幸福理想嘉惠于世界人民，为构建人类命运共同体而努力。

第四章
福文化的社会传播

伴随着中国几千年历史的变迁与发展，福文化逐渐融入社会生活的各个方面，充盈于各个角落，深植于广大群众的思想意识之中，形成我国影响巨大、特色鲜明的民俗文化。同时，修德徽福作为全社会普遍的愿望和信念，也成为奠定中国人道德修养的根基，影响人们的思想和行为，反映出中华民族独特的生活理念与价值判断。

第一节　民间的福祉追求

福祉是人们对现实生活的美好追求，也是对理想和未来的美好追求。自古以来，朝野上下、官绅士民无不热衷于祈福祷祥，长期相沿成习，不断踵事增华，始终保持对徽福的扩张延伸之势。在民间百姓生活中，福祉文化的影响无处不在。

一、衣食住行的福祉追求

百姓家庭日常生活内容无非是衣、食、住、行，因此祈福理念首先深入并充盈其中。中华民族在自己的衣食住行中也都嵌入"福"的文字内容和思想观念，因此形成风气习俗。连类而及的是有关福、禄、寿、喜、财、康、宁、顺泰、平安、如意等吉祥语和祝颂文字的表达，其中包含着深刻的祈福寓意，含蕴着丰富的福祉内容。如在穿戴中，人们都以衣、帽、巾、鞋等服饰作为载体，直接植入祈福和寓意吉祥的内容。在饮食中，除了直接以食物营卫身体、治病健身外，也有许多含蕴祝福祈寿的意义融入菜肴中。还有居住的房屋、代步的车船，也都有直接的文字表述和间接的寓意植入。这些都表现出民众对幸福生活、美好前程的向往和期盼，表现出福祉文化借助各种载体所表现的丰富内容和多样形态。

福祉文化正是借助民众日常的生活百科和活动百态，以无处不

◎ 清白玉福字玉佩

在的方式世代传承，弘敷广布，充盈无遗。其普及和深入程度甚至比汉文字的应用更加广泛，因为它超越民族界限，甚至国界而传播，也跨越识字能力与文化程度而传布。

二、岁时节庆中的福祉追求

中华民族是农耕民族，特别重视一年四季气候的变化，因此中国自远古时代起就有发达的天文、历法与岁时节序记录，重视对日、月、星辰的运行及其变化规律的观察和总结，而且重视天象与人事、农时之间的关系，有许多关于天人感应的记载或臆测。先人们受到天时与农事关系的启发，总结其关系变化的规律，形成了一整套天文历法和通行的农事历法。岁时节庆与农业活动结合起来，既有农事的安排，又有与各个农业生产阶段（环节）相对应的节庆活动，体现了人事及农事与天时之间的因应关系。这样，在一年中，根据日月运行、季节变换、时序迁移、农事安排等，形成有规律的稼穑收藏与岁时节庆的递遭进行。这些应时活动也都融进人们对于农事顺遂与生活幸福的祝颂与寄意，而且祈福的民俗文化活动始终与休耕节庆活动紧密相伴。如春节被农历安排为岁首，是春季的开端。人们在庆祝一年收获、家族团聚的同时，会对这岁首作许多礼仪、饮食、娱乐活动的安排，反映人们对新年寄予更多的美好期盼。为过好春节，会进行一番安排和布置，如贴春联、挂年画、贴窗花、贴福字、拜年、做美食、给压岁钱等，皆寓贺喜祝福之意。元宵节期

◎（清）焦秉贞《耕织图册》，美国国会图书馆藏

间观灯、送灯、猜灯谜、走百病等，均意在祈福祛疾。清明节的祭祖、
扫墓、插柳、放风筝等，亦为祈福驱疫。端午节赛龙舟、挂艾草、戴
五色丝、佩香囊、饮雄黄酒等，更是直接为了祛病除疫、营卫生命。
中秋节赏月、吃月饼、猜灯谜，为的是贺团圆并庆丰收。此外还有一
些节庆如上巳节、寒食节、花朝节、乞巧节、上元节、重阳节、冬至
节等，或为庆祝时令转换，或为纪念英烈人物，总而言之，均为祈福
庆生而设。这些岁时节庆充分证明，我国各族人民对于美好人生与幸
福生活的向往与祝福，体现民间福文化的丰富多彩。

三、生产劳动习俗中的福祉追求

中华民族对于农业、渔猎生产、商业和各项手工业活动都有许多祝祷和禁忌内容，为的是保障生产劳动的顺利进行，获得预期的成果。如针对二十四节气，都有各自的农事活动安排，而且还伴有祈福的仪式或衣食行止的风俗讲究。如开耕仪式，采茶"喊山"活动，拜谷神（土地诞），春播（迎春、劝耕），立夏插秧、禳田（拜田头神）等等。俗语道，"敬老有福，敬土有谷"，故在收获季节有以五谷饭敬祀土地神之举，或在腊月过"五谷节"之俗。至于农神、医神兼五谷神的神农氏，更是受到全国普遍的崇信和祭祀。各个行业还有敬"行业神"的习俗，其主旨都在求吉利、祈福报。与此相关的，为避灾免祸、趋吉避凶，还产生诸多的禁忌和避讳，这也是出于祸福相依道理的人事作为。

值得注意的是，在后世的民俗活动中，各种场合的祭祀活动，有两项是人、神共享的。一是祭祀中的各种娱神活动，即表演戏剧、曲艺、杂技、武术，各种技艺或音乐、舞蹈表演，既是百姓向祖先和天地神献上的欢乐享受，也是百姓自娱自乐的方式，是自我展示才华和艺能的机会。二是祭祀过后的食品大多由民众自己分享，算是人神同乐、人神共享，同时也表达了爱惜食物、不敢暴殄天物的

◎采茶"喊山"仪式

◎（清）陈枚《祭神图》

诚心。比如祠祭、庙会之后的家族或社区居民的聚餐宴饮，或扫墓祭奠后的就地聚食分享。这一传统应该就是上古商周时代宗庙祭祀完毕后的"分胙"传统，都是喻示众人分享神灵赐予的福祉。这是福祉文化在物质方面共祈分享的表现。

因此可以说，在中国这样崇福重德的国度里，福祉文化普及于区域内的各个地方与全部人群。古人所说"雨露之所濡，甘苦同结实"，庶几近之。因此也可以说，在中华文化的笼罩范围内，不分东西南北，无论贵贱贫富，全体人群都有相同的对于福祉的期盼与祈求，而且无论在哪个领域、哪个方面，人们都有对于幸福的追求。

个人在出生落地之后，就被纳入家庭之内，进而融入社会之中，于是有了人生礼俗的全过程伴随一生。儿童在入学开蒙之后，要受教学习许多礼仪和徼福的道理；有劳动能力以后，要受生产劳动和工作礼俗的教育和影响；嗣后在长期的社会生活中，还要参与人际交往、岁时节庆与各种社会活动，其中都有与福祉相关的礼俗、仪轨与道德约束。总之，这许多相关的仪礼和规范，多与保障个人日常的劳动与生活有关，也与个人的安全与福祉有关。当然，由于世易时移，其中也有一些过时与消极的成分，人们必须谨慎分析，择善而从。福祉本只是人们善良的愿望和美好的理想，它一旦进入个人生活，定有许多不同的理解与对待，重要的是，应如先哲所教导的那样——"修德以致福"。因为世上没有不劳而获的美事，也没有只享受不付出的福果。

四、民间传说中的福祉追求

长期以来，为了祈福、"造福"的需要，民间流行着许多关于福的神、标志、形象乃至于童谣民谚、故事传说，虽有不经之谈，却颇有影响，表明祈福理念深入人心，对于福祉的期盼乃众望所归，人同此心，心同此理。

古人以木星（岁星）为福神，认为它是五星之吉星，称"岁星所照，能降福于民"，"吉星显耀多福庆"。宋人以真武帝为福神，称"治世福神"，他也被奉为护商之神。

◎ 清粉彩天官赐福

　　古人认为，天、地、水三官之中，天官为福神，故祈求天官赐福。同时认为，天官"上则福国，中则福民，下则福物。降万福以无疆"。道教认为，三官之中以天官为尊，其职掌在赐福，故民间奉之为福神。民间的年画图像及戏剧表演中多有天官赐福的场景。

　　家是人们心灵的港湾，旧时人们非常看重家宅安宁，故镇宅的民俗举措十分流行。古人除了用器物（如泰山石敢当）或者道教符箓来镇宅外，民间还信奉很多职司镇宅的俗神，如"家宅六神"，即门神、户神、井神、灶神、土地神和厕神等神，虽然职司不同，但传说都具有镇宅致福的神功。其中比较流行的有三位：

　　第一位是唐朝名臣魏征。《西游记》中有个情节，描写魏征梦中斩杀泾河龙王，老龙王的冤魂到宫门外哭泣，致使唐太宗夜不安寝，日渐消瘦，唐太宗便派秦琼、尉迟恭守卫宫门。老龙王又跑到宫后门喧扰，于是唐太宗就让魏征镇守后门，此后老龙王的冤魂果然再也没有前来侵扰。后来，京城人家将魏征作为镇宅的福神，将他的画像贴在门上，以驱逐恶灵。

　　第二位是商周时期的姜子牙。受小说《封神演义》影响，姜子牙被塑造成一位能斩将封神、驱魔役鬼的神仙，另外《列仙传》等道教典籍也将姜子牙奉为神明。在民间常常会看到"姜太公在此，

◎ 魏征像，故宫博物院藏　　　　　　◎ 石湾窑彩釉姜太公钓鱼

百无禁忌"的符文贴在门上，传说那代表着姜太公亲临，可以镇守家宅，让人们免遭厄运。

　　第三位便是号称"万应之神"的钟馗。据《燕京岁时记》载："每至端阳，市肆间用尺幅黄纸，盖以朱印，或绘画天师、钟馗之像，或绘画五毒、符咒之形，悬而售之。都人士争相购买，粘之中门，以避祟恶。"[1] 传说钟馗很有才华，但相貌丑陋，在殿试时被奸相奚落，愤而触柱身亡。皇帝感念其刚直，赐予进士，绿袍下葬。一次，皇帝偶感风寒，梦中常见有小鬼侵扰，钟馗挺身而出降服小鬼。后来钟馗被奉为赐福镇宅圣君，履行驱邪除祟的神职。同时他还是道教唯一的"万应之神"，既是门神又是冥神，要福得福，要财得财，对老百姓有求必应。

◎ 溥儒《钟馗祈福图》

1　王碧滢，张勃标点：燕京岁时记（外六种）［M］.北京出版社，2018：87.

◎ 门神

　　门神历史悠久，古人意在"驱鬼避邪""祈福迎祥"，遂将原先门上所挂桃符演变为张贴（或绘画）英武人物（秦琼、尉迟恭），或为神荼、郁垒。明人冯应京在《月令广义》中言："复加爵、鹿、蝠、喜、宝马、瓶鞍等状，皆取美名，以迎祥祉。"后世民间更有以谐音、图像、织物以及吉祥口彩作为祈福或祝福的贺词表达的。

　　古代经商者供有"增福财神"，其形象多为范蠡、比干，是为"文财神"，号称"财帛星君"。福、禄、寿、喜、财，传统以之并列而为五福之义。范蠡人称"忠以为国，智以保身，商以致福，成名天下"。他本春秋时人，佐勾践破吴称霸，功成身退，经商致富，被后人尊为"商圣"。比干则以忠义为世人所尊崇，亦列增福财神之中。此外，还有"武财神"赵公明、关公等。赵公明，又名赵玄坛、黑虎玄坛，是道教所信奉的财神，被尊为"正一玄坛元帅"。据《搜神后记》

载，赵公明是秦代人，得道于终南山。
关公即关羽，是三国时蜀汉名将，是
忠义勇武的象征，被尊为武圣，因其
忠诚和信义，被商贾尊奉为神。文武
财神之外，人们信仰的财神还有五圣、
柴荣、财公财母、和合二仙、利市仙官、
文昌帝君、活财神沈万三等，其中文
武财神、五圣的信仰最具广泛性。

　　福德正神即土地公，又称社神等，
是中国民间广为敬奉的神灵之一。土
地公信仰寄托了中国劳动人民对土地
资源的珍惜和对祛邪、避灾、祈福的
美好愿望。虽然土地神的称号众多，
但探索其来历，实际与中国古代社会
所祭"天、地、社、稷"中的社、稷
之神有关。古代把土地神和祭祀土地
神的场所都叫"社"，或建神坛、神
祠供奉。按照民间习俗，每到播种或
收获季节，农民都要到社祭祀，祈求
或酬报土地神。一般家庭在厅堂供奉
的诸神中必有土地公；家中没有供奉
土地公香位的，也会在每月的初二、
十六，在家门前设香案、烛台、供品
祭拜。土地公的造型几乎都是慈眉善
目、白须白发、笑容可掬的忠厚长者，
地方员外打扮，一手拿元宝，一手执
如意或拐杖，充分表现出慈祥温和的
长者风范。

　　民间在观念形态上也有许多属于

◎ 明铜鎏金文财神坐像

◎ 清黄铜漆金关公坐像

◎ 清德化白釉福德正神坐像

福文化范畴的表达，如盛传的阴德致福故事，以修德积福、行善致福劝诫世人。俗语称"行善者降之百福"，还有节俭致福、惜福保福的劝勉，如先贤告诫称"福不可一次享尽""留有余之福予后人""有福不可重受"。还有谦让致福之说，这些应是人们日常生活的经验之谈，"一争两丑，一让两有""退后一步自然宽""厚人自薄谓之让""贪满者多损，谦卑者多福"。这些都是中国民众几千年生活经验积淀所形成的智慧箴言，也是福文化思想中的珍贵传统。为了宣传福文化的理念和精神，传统上还有通过许多载体进行表达的祈福诉求，如书法（文字）、绘画（年画、版画）、剪纸、图案纹饰、雕塑等，中华福文化借此广布久传，深入人心。

五、民间习俗中的福祉追求

民间为了营造喜庆吉祥的氛围，大多利用居所进行布置装饰，最多的是寓意福禄、吉祥的字画、雕刻，常见的有"五福临门""五福拱寿"的图案，以蝙蝠形象喻意。有书写百"福"字样，作为祝福代表；有以蝙蝠和仙鹤构图，寓意"福寿双全"；有以佛手、寿桃、石榴构图，寓意"福寿三多""多子多福，福寿绵绵"；或以之为"三祝"之颂，即"华封三祝"，祝寿、祝富、祝多男子，传说这是华地封人对唐尧圣人的三祝；还有版刻年画、剪纸等形式，如"梅花福""梅开五福"，因其花开五瓣，各绘"福"字；还有在建筑构件中雕镂各种文字、花卉、人物图案等。

◎ 清金漆木雕"梅开五福"纹花板

总之，因为民俗内容多种多样，除了动态的祈福、祝祥活动，如祭祀、迎神、贺岁拜年、祝生庆寿等外，更多的是如上的字画和雕刻装饰。这些静态的布置不离家庭生活左右，且触目可见，充满各个场面和角落，是最深入且持久的福文化宣传，所以能历久不废。

第二节　徽福的历史进程

徽福即祈福、求福之意。自从祈福之事兴，已历五六千年，其间历代绳绳相继，无论何时从无间断，而且不断发扬光大，变为民俗活动。从帝王的敬天保民，到百姓的祀神求庇，祭求对象不断增加，有惠政及民的循吏，御灾捍患的义士，变换的是形象，不变的是心情，从原初的乾乾惕惧，到如今的怡怡欣拜，虽形式仍具，诚意宛在，但意义悄然变迁。徽福的变化过程也是人类社会发展和人的认识提高的过程，具体而言，经历过祈福、求福、谋福、造福、受福几个阶段，体现了人类意识形态和实践进化的过程。

一、祈福

中华民族自迈进文明门槛开始，就进行祈福活动，这只要看"福"字初文的象形形态便可知。祈福的对象自然是天神地祇、祖先神灵，所求内容难以尽述，但作为王公贵族专属的祈祷活动，肯定离不开国家安泰、百姓（贵族）康宁、社稷稳固。其时祈福范围很有限，只在上流社会。"祈天永命"，王室在于祈求国祚永存，自身福寿；"以祈甘雨"，在于祈求适时降雨以润泽农田、保证收成。及至流传到民间，受神道设教的影响，百姓（平民）们自然是祈求现实生产生活中的各种期盼，如风调雨顺、虫害不作、五谷丰登、六畜兴旺、无水火寒冻灾害等等，因为当时人力无法抗拒自然灾害，人们只能仰赖天地神灵庇佑。那时的祈福都是寄望于自然的神功与威灵，因认识能

◎ 北京天坛祈年殿

力和智力所限，处于自在阶段。

二、求福

  春秋战国时期，王权衰落，王纲解纽，社会动荡，贵贱颠倒，命运无常，"陪臣执国命"。贵族在命运动荡中，开始怀疑神灵，不再相信天命，人性开始觉醒，发出"唯命不予常""天命无常"的挑战性质疑，因此提出"反求诸己""莫向外求"的思想。祭祀上天也只为尽诚意，安慰心灵，而不过分指望上天降祥赐福；祀鬼神只为尽孝道，而不重在祈求荫庇护佑。有些人开始感悟到应由自身积德修福，"自求多福"。《论语》记载有"子不语怪、力、乱、神"，表明孔子不相信外力怪异之事，也不求鬼神庇佑，他只强调"爱人"、行仁。

  此时，求福不再只仰赖天地神灵，而是转而"自求"，强调自身修德、行善，以善行致福，这是人性的觉醒，也是认识上的一大觉悟。

三、谋福

  春秋战国以后，上古夏、商、周三代以血缘为基础的"世卿世禄"制度被完全打破，诸侯国的仁人志士、智术之才纷纷迈出国界，到处奔走以求仕，或向各国君主宣传自己的学说和政治主张。此时朝野仍重祭祀，但各国都重点致力于兵事和战争，因此普遍的口号是："国之大事，在祀与戎。"祀以求社稷之安，战事之胜；平民之家则向天地神灵祈祷庇佑，以求闾阎安堵，生活安定。智术之士则在谋划干禄求仕之举，显亲扬名之策，以知识谋福禄者甚众。如商鞅、苏秦、张仪、范雎等皆是，其所谋划均在治国、邦交、军旅之事，为邦国的强弱、存亡而苦心焦思，但也明显带有为自身及家族谋福祉的目的。

秦汉以后，中国大一统局面形成，历朝历代，庙堂之上所谋者，多不是"运筹帷幄之中，决胜千里之外"的军旅之事，而是治国安邦、社稷稳固的深谋远虑。自从汉武帝在泰山举行封禅大典之后，各朝多有效仿祭祀者，旨在向山神及天地神祈求社稷安泰、国祚长绵。帝王公卿所谋大者在治国安邦，而草野平民之谋在生业，即祈愿生产顺利，生活安宁。因此在我国传统社会中，不断滋生、演绎出许多民众自造的神信仰，从自然神到人物神，多不胜数，只要是民有所愿、人有所求者，百姓都设立神社、建筑祠庙，祀奉唯谨。宋代以后，民间形成造神热，王朝统治者也不断为神灵封敕尊号，有的还纳入国家祀典。这种现象表明，封建统治者延续着神道设教的政策，百姓仍安于传统的自在求福许愿。虽有明智者不时讥评，但声音无足轻重。

严格地讲，我国真正有百姓的思想觉醒，有识者系统地批判封建迷信和神道设教，还在于近代五四运动前后的思想启蒙运动。辛亥革命以后，知识界有识之士开始从批判封建政治制度，进而批判封建礼教和思想制度，特别是在马克思主义传入中国、俄国十月革命胜利影响中国之后，中国人的价值观和幸福观大大改变。民主革命志士和革命家的革命主张，都在于从根本上推翻专制旧制度，批判封建旧思想，主张通过革命为全体人民谋幸福。

中国共产党人为了谋求中华民族的独立、解放，谋求亿万人民的民主、幸福，领导全中国人民进行了艰苦卓绝的斗争，最终取得中国革命和建设的伟大胜利，实现了为人民谋幸福的梦想。

四、造福

中国人民自古以来就有为民造福的精神传统，上古传说中就有许多英雄人物为民谋生造福的故事。盘古开天辟地，女娲造人补天，伏羲创作八卦，神农尝百草，后羿射日救民，愚公移山，夸父追日，大禹治水，等等，虽是神话传说或寓言故事，但都体现了共同的精神：向自然界挑战，抗拒自然的压迫，牺牲个人，为民造福。他们都是古代人们心目中的英雄，至今仍是人们的精神榜样，成为中华文化的精神基因。

当然，作为农耕民族，先民尤为崇拜的还是发明农业的神圣英贤，如神农发明农耕，被奉为农神或谷神；后稷因发现粟稷（小米类），被帝尧举为农师，后世奉其为百谷之长，号为谷神，作为农业的代表、农耕的始祖。因此古代播种五谷的农事活动称稷事，祭祀后稷的祭礼称稷馈。后稷相地之宜，教民耕种，又立畎亩之法，放粮救饥，赐百姓种子，树艺五谷。《竹书纪年》载，他"始降百谷，蒸民乃粒"，因而备受百姓拥戴，被后世奉为农神。后稷的发明，造福子孙后代，其功至伟。其后历代的许多发明创造，其初创之人往往被奉为神，立庙祭祀，或进入国家祀典，以示永志不忘。如嫘祖养蚕，被奉为蚕神；鲁班神工至巧，被奉为木匠鼻祖、百工行业祖师爷；仓颉造字、蔡伦造纸、杜康酿酒、毕昇发明活字印刷术，等等，还有更多无名英雄，他们的创造发明造福于百姓，惠泽于千秋，人们对他们的崇拜和奉祀是自然的事。这说明古代造福于民者，皆为百姓所永久纪念。

古人的创造发明关乎国计民生，如"四大发明"还造福于全世界，因而彪炳于史册，扬名于百世。当今国人的许多创造发明，具有更大的效用和高科技含量，帮助人们实现了古人上天入海的梦想，因而人们不忘以古代传说的故事予以命名，如嫦娥、夸父、墨子以及天宫、神舟、蛟龙、玉兔等具有象征意义的名物，生动体现今人对于古人的礼敬与纪念，也体现我国为民造福的文化传统。

诚然，今天的造福行动，在科技水平和社会效应方面具有更大的影响力。因为，我们不但创造了在天空威力强大的飞行器，而且创造出探月机器和探索外太空的各种飞行器（火箭、宇宙飞船、太空实验舱），还有探海试验舱、高性能的舰船等各种现代化机器设备。十分难得的造福成果还有人造"天河"、调水工程、造绿工程、"天路"工程，以及杂交水稻、海水植稻等造福全人类的发明和发现。

当代的造福理念，从弘扬"天下为公""世界大同"的传统理想，逐步扩大范围，到对发展中国家和友好国家施以援手，沿着"一带一路"的经济走廊，将港口、铁路等基础设施建设延伸到海外各地，尤其让亚洲、非洲、拉丁美洲地区的发展中国家受益，努力践行人类命运共同体的理念，在力所能及的范围内帮助、援助世界各国。我们的造福工程，得到世界各国爱好和平人士的热烈欢迎和普遍赞誉，因此大大提高了我国的国际地位和声望。

五、受福

人类祈福、求福、谋福，最终都在于受福、享福，因此人们对福分更应郑重对待，谨慎为之。古人对此有着许多劝勉和警示，那都是历史经验的结晶，也是先人智慧的箴言。

古人认为，要受福、接福并享福，首先在于知福，否则一福当前而不自知，或不知不觉失之交臂，当面错过，悔之晚矣。什么是福，各人的理解不同，感受也不同。一般而言，衣温食饱，有所事事，居有定所，行无障碍，身体康泰，精神愉悦，家庭和睦，子孙争气，邻里友善等等，都是幸福的基本指标，所以从满足个人的基本生理需求而言，幸福其实很简单。俗语说"饥者易为食，寒者易为衣"，讲的正是这个道理。所以对于常人而言，知福首在知足，知足是知福的基础和前提。如今我国已经解决了全体人群的贫困问题，走上了小康之路，这是几千年来国人梦想的幸福局面。明乎此，则自知已在福境之中。

当然，幸福生活的标准是相对的、动态的。"人往高处走"是自然现象，也是自觉的追求，可以说，人们对更好生活的追求，正是社会不断前进、发展的动力，否则便会止步不前，窒息了社会前进

◎ 赵玉林作"知足常乐"

的生机与活力。

知足是知福的前提。常人多以"饱食暖衣，精神愉悦"作为享福的基础，这诚然没有错。其实明清时期士大夫论福有如下说法：有工夫读书是福，有著述行世是福，有聪明之见是福，无疾病缠身是福，无尘俗萦心是福，无是非到耳是福，无兵凶荒歉之岁是福。总之，平安快乐是福，能做常人应做之事是福，幸福不在多欲善求，只在自足自是、自得其乐。能知足，便可享受人生千万福。

清人石成金讲过："人人俱有现在之大福，奈人人俱不知享受……其所以不能享受之根源，总由于心不知足也……若人能知足，则日日自做快乐神仙；若人人不知足，则日日堕忧愁苦海。"这告诫人们，应当知道并满足于当前的幸福生活，不可得陇望蜀，这山望着那山高，永不知足则永无幸福。故老子曰"知足常足，终身不辱"，信是不刊之论。

石成金还从对比角度谈自身的幸福观，借鉴其言对我们也是有教益的："福要人会享，会享就多福。思量饥寒苦，饱暖就是福。思量病痛苦，康健就是福。思量灾难苦，安乐就是福。切莫多妄想，轻抛现在福。"他因此声言："幸我今日身不饥寒，又无病灾，安闲自在，即是极大之福。"他的知福能享、知足常乐、随遇而安的思想，虽然近于保守和消极，但对于那些处心积虑多欲妄求者而言，不啻一剂醒心之药。因为常人面对现实，多未满足而存不切实际的幻想，故而多有烦恼，生心作念，易致招灾惹祸。老子有言："祸莫大于不知足，咎莫大于欲得，故知足之足常足矣。""知足不辱，知止不殆，可以长久。"这确是修心养德的格言，特别是"可以长久"四字，是耐人寻味的。

如何安享福分，也是古人颇为关注的问题，今人又何尝不如是呢？人们都说知福长福，唯能知福才能享福。只有真正知道什么是幸福的人，才能长享幸福。清人石成金写就一篇《天基福谱》文章，有曰：

> 心宽性怡，快乐就是福。无病无痛，康健就是福。布衣蔬食，饱暖就是福。茅屋竹篱，安稳就是福。天伦家和，团聚就是福。兵戈不扰，太平就是福。家门清吉，宁静就是福。书酒花月，领略就是福。明窗净几，闲逸就是福。绳床草榻，鼾眠就是福。

这是淡泊平静之家所享之福，可以称之为清福，安常守分，没有过多不切实际的幻想，正是知足者的追求。

林则徐曾撰联表达自己的心志曰："粗衣淡饭好些茶，这个福老夫享了；齐家治国平天下，此等事儿曹任之。"说明他对幸福的理解和享福的态度，是十分耐人寻味并诚勉于人的。

《红楼梦》中的"好了歌"有警句曰："世人都晓神仙好，唯有功名忘不了！古今将相在何方，荒冢一堆草没了。""世人都晓神仙好，只有金银忘不了。终朝只恨聚无多，及到多时眼闭了。"这是对时弊多么深刻的批判和辛辣的讽刺，又是多么中肯的忠告，不知福而妄求，不自量而奢望，都会陷入终身苦恼，乃至于万劫不复。

对待福祉，除了懂得知足外，还需懂得惜福，徽福不易接福难，福到临头应知分。俗话说："祸到休愁，也要会救；福来休喜，也要会受。"受福要诀在惜福、守福、护福，而不能浪费福果，更不能挥

◎ 清光绪粉彩五福捧寿纹碗

霍。常言道："天欲祸人，先以微福骄之；天欲福人，先以微祸儆之。"骄儆之间，祸福继之，实非天然之力，而是个人所招，正所谓"祸福无门，唯人所召"。

古人说："有福不可享尽，有势不可倚尽。"说明富贵权势均人之所欲，但不可享用太满，而不留余地、不存后手。沈葆桢在书信中告诫幼辈称："少年宜学俭，有福留晚年享之。"意在教导年轻人须从克勤克俭、立志创业谋福开始，不可借人余荫，贪图安逸和享受。

福州学者董执谊作家训，首称修身，有"福不可享尽，话不可说尽，利不可占尽，财不可用尽"之句，意在告诫后人处世行事应当留有余地，于受福享福也当如此。在"惜福"一节更自谦称："我本薄福人，宜行厚德事；我本薄德人，宜行厚福事。"人贵有此自知，方能修德求福，这是教人徼福之良言。《易经》称："积善之家，必有余庆。"表明行善积德必然因种福根而得福报，也是劝人徼福之一说。

古人劝世都在叮咛人们要知福、惜福，禁止各种过愆的发生。不能暴殄天物、挥霍无度、奢华浪费；也不应对所受福分求全责备，或存非分之想，或生不足之怨。惜福更要珍惜受福，古人说："子孙享用不须丰，省却前头后自隆。锦缎做衣绸做裤，折他福分一生穷。"确实，不惜福者最终的下场多是穷困潦倒，受人耻笑。清人袁赋诚在家谱中称，明代袁可立"家虽丰腴而自处约素，常以惜福教家"。许多古代家谱都倡导惜福家风以警诫后人。如清代大学士刘纶，撰写劝世联"惜食惜衣，非为惜财缘惜福；求名求利，但须求己莫求人"，明白地告诫人们，惜福非仅为惜财而已，求利于外不如求己于内，这是很好的箴言。当然惜福也在惜命，俗话说："甘脆肥浓，乃是腐肠之药；美艳红妆，不过杀人利刃。"沉迷于口腹之乐、感官享受，终遭伐性戕身之祸，唯有惜福才能保身延寿。

林则徐的母亲陈帙告诫子女说："一身之福有几，奈何遽欲尽之？但以分啁三党之贫乏者，不尤愈乎！"这是她对分福以周济穷苦亲友的看法，耐人寻味。正是这种济人之心，教养出林则徐及其子孙的济世心怀。陈寿祺在为齐弼所撰墓志铭中写道："留有余不尽之财，以还造物；留有余不尽之福，以待儿孙。"这种分福予贫乏、留福待儿孙的理念，体现了中华传统文化中的仁爱情怀与博施态度，也是先贤受福时的惜福观念，是十分可贵的利他精神，值得继承和弘扬。清代学士贾桢也作联句称："勤俭持家，能遵祖父诒训便为世业；读书宜兴，莫使子孙废读即是福基。"这是倡导勤俭的家教，亦为世守的德业，宣示诗书的传承形成门风，更是求福的根基。勤俭是惜福的表现，也是积德；诗书是人生的大业，是增福之本，一联道尽徼福之道，堪称淑世良规。

第三节　福文化与道德修养

道德修养是个动态的习得过程，既指个人修炼涵养自己德行、才识、情感和意念的过程，也指通过这一过程而涵化在心灵中并体现在言行上的德行素质、文化素养、精神状态与行为习惯。回溯历史，中国人一贯主张并重视道德修养，老子正是以撰著《道德经》而闻名于世。可以说，中国人正是通过长期的良好道德修养，孕育了自己独具特色的福文化意识和习俗，并使之绵延不绝，世代相传。

一、坚持道德修养

《现代汉语词典》对"幸福"定义为，幸福就是使人心情舒畅的境遇和生活，如果个人生活与境遇是称心如意的，就可以称得上幸福。这里说的主要是个人的心理体验，可事实上中国的福文化理论和幸福观远远超出这种个人经验的范围。因为既然是社会的人，他的幸福感受和福祉观念，就应有更大范围和更高层次的认知。修养道德守护我们民族精神的"根"与"魂"，孕育出福文化，使人们随时随处造福并感受幸福。幸福的根本来源于为人与做事。做事体现为人，为人要和善处世，坚持道德操守。

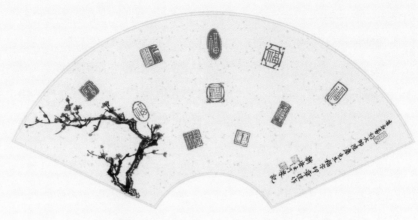

◎ 陆康"福"字印鉴扇面

（一）道德修养是福报之源

中国人认为，道德修养能带给我们持久的福报，是我们的福报之源。古人重视道德，认为立身行事要以德为先，守分修身是幸福的根本。社会风气不正、物欲横流，会导致民风不善、浮躁险恶、道德滑坡，人们的幸福感因此而大打折扣，这是社会的不幸。蔡元培在《谈修养》一文中说："知识所以高尚吾人之品格也，知识深远则言行自然温雅而动人歆羡……其发于言行者，自无所凝滞，所谓诚于中形于外也。"要成事，先做人，成功需要勇气和智慧，尤其需要高尚的人品、正确的为人处世方法。

道德修养是我们的福报之源，也是我们高质量生存的基础。多疑招祸，少事为福。"祸福无门，唯人所召"，待人处事礼让不争。安分守正，可以让人做到明哲保身，享受该有的福分。中和为福，偏激为灾。幸福是为别人多想一点，甘心付出，这是在追求幸福目标时应该记取的。幸福对个人而言，是物质和精神上的满足，但又不是一种简单的自我满足，也不是对物质的占有，而是有界限的，须是止于法律与道德的雷池，即对二者应有敬畏与遵守之心。

（二）道德修养是幸福之基

幸福是个人心理满足和思想的平衡状态，要想保持稳定的平衡，就要夯实自身道德修养的基础，不为物欲所动，不为贪心所惑。《周易》曰："天行健，君子以自强不息；地势坤，君子以厚德载物。"传统道德观关注的是修身、德行、秩序、礼仪、伦理、法制等，旨在制约人心与理念，在福祉面前尤其要注意。

"德"与"才"是相互统一的，《庄子·德充符》说："平者，水停之盛也。其可以为法也，内保之而外不荡也。德者，成和之修也。德不形者，物不能离也。"说德让人保持思想意识上的中和状态，虽说无形，但人不能离。才能是指人的智慧和做事能力。品德是人性的内在规范，人的做事能力与态度的发挥受品德制约。司马光"才者，德之资也；德者，才之帅也"的论断，正确阐明了德才的关系。因此，人应该尽力完善自己，不断提高自身的品德修养，努力保持高尚品质。

道德修养可以增进我们的幸福感。修养达到一定程度，能形成待人接物的良好习惯和风格，增强人格魅力。正所谓"学问深时意气平"，多读书才能突破自我意识局限，克服浮躁情绪和短浅目光，易于做到心平气和、心安理得，表现出温、良、恭、俭、让的与人相交态度。

美德如春风化雨，润物无声。道德修养是幸福之基，在人对幸福的一生追求之中，道义教育不可忽视。当今社会，救赎道德人心的最好办法，就是回望历史，从先哲的身上寻找良知和榜样，安顿无处安放的心灵，弥补个人在道德节操上的缺憾。

（三）道德修养是信仰之灯

道德是个人的品行修为，它的最高境界往往与信仰有关。道德修养的目的在培养个人崇高的气节和操守，如孟子所说的"吾善养吾浩然之气"。养天地正气，法古今完人，是极高的道德情操和完美人格。君子身上的气节是其精神的脊梁，深知要做到对人问心无愧，才能"心安理得"，心平气和，拥有独立的人格和尊严。中国历代儒家代表人物都向普通民众倡导敬天、法祖，以维护传统"道德秩序"，保持社会安宁稳定，创造幸福的环境和氛围。

功名一时，气节千秋。古代士大夫的理想信念是"独善其身，兼济天下"，以自己的德才济世惠民，去除贪欲和机心，能忍自安，彰显聪明智慧。人能够去机心而树信仰，便会向着远大目标迈进。

中国社会讲究伦理道德，让人际交往充满人情味，使人际关系变得融洽而健康。

人们应该注重精神修养，淡化物质享受，养成崇尚勤俭的习惯，努力让道德修养的信仰之灯，照耀我们的前程，引导我们冲破迷雾、走向光明未来。这样自会感觉幸福就在身边。人生不如意事十常八九，不必多计较，当忍则忍，当让则让，须知吃亏也是福。胸襟坦荡，随遇而安，乐事多而福自至。古代中国文人总是寒士居多，他们信守"富贵不能淫，贫贱不能移，威武不能屈"的勇毅精神，坚守"先天下之忧而忧，后天下之乐而乐"的处世信念，秉持"达则兼济天下，穷则独善其身"的宏伟抱负，所以在任何境遇中都能善于自处，"人不堪其忧"，他们却"不改其乐"，常享自己心灵的安宁。

二、福文化与自我修行

在多样化的社会生活中，传统文化为我们提供了丰富的思想营养，这些思想就包括中国独特的福祉观即福文化理念。儒家强调修养道德，重视仁义礼智"四端"的培植，强调修炼心性贵在"慎独"；道家主张达到幸福境界是超脱凡俗，避世独立；佛家劝诫人们，求幸福者应广种福田，善于自律，不向外求。其中唯有儒家是积极的人生观、入世的道德观。中国人的处世哲学强调修身养德，认为高尚的道德品质是成就事业与完善人生的基础。只有入世有为，敢于担当，立功立德，贡献社会，才能成为真正幸福的人。

（一）儒家修身观与福文化

儒学是积极入世的文化信仰，体现人们对求知修德以谋福祉的向往。两千多年来，孔子一直是中华文化的象征，影响了一代又一代中华儿女，尤其是知识分子。他主张中和礼让、温良谦恭的社群伦理，倡导尊老爱幼、孝悌信诚的家庭伦理，强调个人努力学习、自强不息的修为精神。孔子思想的中心是"仁"，"仁"的基本内涵是"爱人"。仁乃天地之心，是毫无私心的美德，又是个人自我精进和自我圆满的修习目标。仁是自我的修养检束，"己所不欲，勿施于人"。孔子指出，到达仁的境界是："克己复礼为仁。一日克己复

福文化概论

◎（清）林则徐书"山如仁者寿"

礼，天下归仁焉。为仁由己，而由人乎哉？"他主张每个人都应具有仁心善德；而人之为仁，应由本身自觉修为，而不应由外人加之。君子要遵循礼义，克制私心，所以仁人也是幸福之人、造福之人。

儒家主张个人积极进取，造福于社会，要追求"立德、立功、立言"的"三不朽"事业，强调积极进取的人生态度，不断完善自我修为。儒家倡导"心""性"统一，以修身为安身立命之基础；倡导生活节俭朴素，批评铺张奢华、不懂惜福的行为。

儒家主张士人要做君子，执守仁、义、礼、智、信五常道德修养，坚持良好的职业操守，要有社会责任感，要有君子美德、大丈夫气概。只有求得道德完美，才能获得真正的幸福。

儒家讲究真诚与良知，认为这是依人的本性、禀赋而表现的德行，但也离不开后天的修炼涵养，唯有心智圆满的人才是真正幸福的。

（二）佛家修心观与福文化

佛家认为，善于养护生命的人，没有致命的病患。说话有宗旨，做事有根据，言行一致，才能平安过日子，增添自己的福报。效法圣教修行，方可一生长保平安。

佛教的修心观让人平静地面对变化无常的外部世界。倡导控制自己比赢得别人更重要。良好的自我约束能力让人的精神追求和目标实现适度协调。与人为善，广种福田，慈悲为怀，积德行善，以求福报。

佛家倡导慷慨施舍以结善缘，广种福田以收获喜乐、享受福果。佛家说："舍，就是得；不舍，哪有得。放下，便得自在。"同时主张人要积极生活，要"勇猛精进"，苦难是衡量人们意志品质的试金石。

渡人如渡己，渡己亦是渡人。佛家修心观认为，佛在心中，境

◎ 茅大为刻 "舍得" 印章

由心转，命由心造。人有旦夕祸福，我们要有承受逆行的勇气和毅力。

　　（三）道家修养观与福文化

　　老子的思想广博深邃，《道德经》作为道家思想的原典，开导了我国古代哲学思想的先河，传达了深刻的哲理与智慧。

◎ （清）祁寯藻书老子格言 "上善若水"

　　老子哲学的中心思想是"道"。"道"与"德"之间的关系十分密切。《道德经》称："孔德之容，唯道是从。""德"遵从"道"，是"道"的体现。道德一体，分而有别，合则为一。

　　谨言慎行，明哲保身，尊重他人，保护自我。这关系到如何完善自我，过好自己的人生。

　　道家的修养观告诉人们：真正的幸福来自问心无愧，来自内心的道德坚守。"上善若水"，善利万物，照拂生命。惜福的人懂得"道"的效用在于柔弱。顺势而行，是人生关键。

　　《道德经》云："祸兮，福之所倚；福兮，祸之所伏。"祸福相依，又能互相转化。人生经历兴衰浮沉，而意志、修养必须具备，无论顺境逆境都能面对。懂得生活的人，善于从大自然中汲取生命的智慧，在山水间怡情养性，活出健康而精彩的人生。

三、厚德积福，福运长久

（一）修身齐家，仁者有福

《大学》告诉人们，只有先"修身齐家"，而后才能"治国平天下"，实现人生的志业。君子务本，读书的真正目的是提高个人能力和自身修养。君子敏而好学，善于利用一切机会学习，"处处留心皆学问"，善读"无字之书"，"从无字句处读书"。

家庭是人生的港湾，是个人幸福的加油站。朱熹的《朱子家训》指示儒家处理人际关系的原则："君之所贵者，仁也。臣之所贵者，忠也。父之所贵者，慈也。子之所贵者，孝也。兄之所贵者，友也。弟之所贵者，恭也。夫之所贵者，和也。妇之所贵者，柔也。"人们可以设想，父慈子孝、兄友弟恭、夫和妇柔的家庭，一定是上下同心、和气满盈的幸福家庭。

◎ 清乾隆白地墨彩"朱文公家训"笔筒

养德方可致福，修心在于解厄。福州籍文人董执谊以条屏诫子孙曰："能知足，便不辱"，"能谦和，吉祥多。"在家训中谆谆教导："处世以让一步为高，退步乃进步之本；待人以宽一分为福；利人是利己之基。""治家以勤俭为先，待人以谦和为首。"此皆从儒家仁爱谦让宗旨言之，均为至理名言。明洪应明著《菜根谭》说："立百福之基，只在一念慈祥；开万善之门，无如寸心挹损。"为何精神高尚的人更容易幸福？因为他们更愿意对社会付出、对事业尽责，以优秀传统文化陶冶自身的情操，保持仁心善意。道德礼仪出现以后，人们的言行举止有了基本的遵循规范。厚道只是做人的本分，人生在世，应该诚信、朴实。德不仅是待人处事的规矩，也是保护自己的盾牌，还是个人享受幸福的资本。

（二）体悟生命，奋斗造福

孔子说："富与贵，是人之所欲也；不以其道得之，不处也。"守住自己的做人底线，不受人言和外物的蛊惑，不轻易为世俗所左右，看淡名利富贵，把生命的主要精力用在追求道德学问上，使得内心淡定而充盈，活出幸福快乐的人生。祸福苦乐，往往只在一念之差。朱子说："圣人同于人者血气也，异于人者志气也；血气有时而衰，志气则无时而衰也。"人要追求幸福，需存道心、志气，控制住自己的欲望，抵御邪念的侵袭。

有修身意识的人容易找到幸福，因为他们善于主动自我反省，勤于改过迁善。要想生活过得幸福，可以借鉴儒家的道德取向，将正确的义利观、荣辱观落实到生活的各个方面，守中和之道，行中庸之法，实践仁者风尚，审时度势，见贤思齐。

有为之人善于在事业之中和社群交往中找准自己的人生定位，埋头苦干、诚实劳动，实现人生价值，获得人生幸福。友谊的力量是巨大的，幸福指数高的人往往拥有高智商，善于结交高尚的朋友，互相切磋琢磨，激发自我潜能，成就事业，获得幸福。

为什么有人不容易感受到幸福和快乐呢？可能因为所受诱惑太多，物质追求欲望太高，急功近利，志大才疏；精神世界空虚，执

◎（清）曾国藩书"智圆行方"

念追求得不切实际。要想活得幸福和快乐，就要消除浮躁冒进心理，懂得知足常乐，静心驻留，欣赏生活的美好风景。幸福都是奋斗出来的，唯有诚实劳动，坚毅奋斗，才能从中自得其乐；唯有积极进取，自强不息，为实现理想持之以恒，才有望到达幸福的彼岸。

（三）抱朴守正，知足惜福

享福要知惜福，惜福之道，在于俭约自守。"祸福无门，唯人所召"，惜福自能招福。人生世上，有顺境也会有逆境，铺张炫耀，奢靡浪费，实为招祸之源。

个人的心胸怀抱体现道德修养。《诗经·大雅》有言："柔则茹之，刚则吐之。"刚柔相济才能保持事业兴旺，成就美好人生。老子说"上善若水"，儒家讲"外圆内方""智圆行方"，先贤教导待己严、对人宽，"其责己也重以周，其待人也轻以约"，这是个人修养的智慧。

有志于道德修养者心性宁静，克服浮躁奔竞之心，诚恳追求事业成就，不图虚名，专务实绩，敬德修业。在生活中践行社会公德、职业道德、家庭美德，才能获得安宁和幸福。

精神富足的人是真正幸福的人。无论贫富荣辱，都能坦然接受；处境顺逆，不改其志，始终保持高尚情操的人自有其福。乐天知命，秉持平常心，虚心好学，诚实做人，知足常乐，安享幸福。

人的福气不是强求得来，而是自身力行虔修的结果，故有德之人即是幸福之人。要有自知之明，知人之智，立足本职，做好工作，发挥聪明才智，诚实劳动，勤奋耕耘，相信幸福终会到来。

第四节　福祉谣谚举要

对福祉的祈求，上古时代发祥于庙堂之上、王公贵族之中，但如孔子所言："君子之德风，小人之德草，草上之风必偃。"或是由于君子的道德思想教化，或是由于民众的自觉学习传承，福祉观念逐渐扩散，深入于民间，正如古人所称"化民成俗，其必由学"。福文化一旦进入民间，便迅速流传开来，承先启后，踵事增华。中华的智慧和尚德传统，更孳乳并深化了福文化的内涵。

俗话说，福者百顺之名。人们用无数的美善之名诠说福祉的内容与含义，表达自己对人生、事业与家国的祝颂与希冀。这里我们挑出一些常见的民间关于福祉的谣谚俗语举例说明，以窥一斑。

"五福百福全家福；千春万春满堂春"

这是春节时百姓之家常见的贺年楹联。由个人五福而起，扩大为百福乃至全家之福，可见期望之殷切。同时以"春"对"福"，既表达时令，也寄望于全年的美好年景，因为毕竟是"一年之计在于春"。由春天而起，播种一年的希望愿景，贡献四季的耕耘，收获全家的幸福。

© 李耕《五福图》

◎ 饶宗颐书"平安是福"

"和顺一门有百福；平安二字值千金"

这也是一副朴实无华的祝福对联，它道出了一条朴素真理，就是家庭和顺很重要，是合家获福的前提和基础。古人称"兄弟睦，夫妇顺"，家和万事兴，讲得就是这个道理。家人的平安是幸福的前提，也是幸福的重要标志，是金钱买不来的。

"福人居福地；福地福人居"

一联连嵌四个"福"字，足见人们对福的追求有多么强烈而执着。这里隐含了人们对自身所处之地的满足和自己身为居民的自豪，此联既夸所居为福地，也自诩为有福之人。福州是全国唯一以"福"字命名的省会城市，古人称"江城福地"。据载，清代福州知府李拔，在府衙前手书楹联曰："九邑拱如星布，我疆我理，俾卤地岩城，具瞻福曜；三山环若屏依，克师克帅，望绿林丹荔，尽树棠阴。"既描绘福州地理形胜，又叙述当地风光特产，更表达自己努力施治、造福地方的志向和信心。福州是名副其实的福地佳城，秀丽的山川、温润的气候、安定和平的社会环境、开放包容的人文氛围，构成宜居宜业的社区。单就良好的生态环境而言，生活在"有福之州"的人，自有体验，"此中有真意，欲辨已忘言"，难以为外人道。

寫宋人兩打梨花深閉門
詞意指首都之六宣樓
壬寅初春　黄均

◎ 黄均《麻姑献寿图》

"福如东海，寿比南山"

福海寿山是中国人祝祷福寿之常用语，意思十分显豁，今人仍在用，意谓福气盛大如东海之水，寿命长久似终南山般长远而又坚牢。与东海有关的成语还有"海屋添筹"，也是祝人长寿之意。《东坡志林》记载："海水变桑田时，吾辄下一筹，迩来吾筹已满十间屋。"据说，东海经历一万年沧桑变化一次，仙人为之添一筹，藏于海屋之中，既称添筹已满十间屋，可见历时之久，寿数之长，表明古人历来期盼的是福寿的绵长与广大。晋葛洪《神仙传》载："麻姑自说云：接侍以来，已见东海三为桑田。向到蓬莱，水又浅于往者会时畔半也，岂将复还为陵陆乎？"可知古人早知自然及世事的巨大变化，故以之比喻亲者之长寿。海田的沧桑巨变更加显现海屋添筹的时长，这就是仙人的无穷寿算，古人的想象力让人惊叹。

"广种福田，莫问收获"

这是佛家主张的因果报应之说，与俗称的"但行好事，莫问前程"同类。人应多积德行善，因为福业相牵，布施行善、慈悲利生，多行造福功德，必有果报、善报。俗语有称"福善从知天泽渥"，即指上天给予善人以优厚的福报。当然行善重要的是种福而不在望报，这才是真心修德，否则只是市利之交，不足取。这与儒家主张的"不因果报勤修德"意同。

"洞天福地""琅嬛福地"

道家认为天下有三十六个洞天、七十二个福地，均为自然善区福地。如宁德霍童山被誉为道教第一洞天，是道教南方最重要的发祥地之一，是教祖演道之所。道家自寻福地，以为炼丹修道之所。因为山川秀丽、清净无哗，最适宜修炼养生。后人常将清静之地、宁谧之所视为福地、吉区。道家鼻祖老子主张"小国寡民，民至老死不相往来"，要过离群索居的生活。"琅嬛福地"传说是仙人所居多书的洞府，秘藏道书宝籍，中多外人无从阅读的秘籍，故称其地为福地。

"立百福之基，在一念慈祥"

这句话体现了中国传统文化中儒、佛相融的思想特点。佛教传入中国后，开始了中国化的过程，与儒学相处融洽，因此互相适应，彼此吸收智慧。福本是儒家的命题，因其修炼佛性也如儒家修养德性，故能相通、慈祥、慈悲云云，带有佛家色彩的语境，也与儒家的仁义、博爱相近，故而相亲而互补。立福之基在于慈念德行，顺理而成章。

◎ 清紫檀框漆地嵌玉百福字挂屏

143

◎ 清光绪白缎地广绣"三阳开泰"挂屏心

"三阳开泰，百福骈臻"

三阳开泰本指冬去春来，阴消阳生，世人庆祝吉祥康泰，希望多福并至家门，所以常作为春节匾联中的吉语。人情皆向往阳光明亮，厌恶阴暗幽黑。在阳春时节充满喜庆，共贺新年，故而对福瑞祺祥的期盼尤为迫切，不嫌其多，唯愿同时早来。

"福星高照，鸿运当头"

古人以木星、岁星为福星，认为受其照耀者有福，所以也奉之为幸运之神。因为其出现在东方，代表春天，万木葱茏，欣欣向荣，朝气蓬勃，福运济济，古人认为他是执掌农业的官，又认为其是赐

◎ 清南红玛瑙福星高照长命富贵银饰

◎ 潘西凤"自求多福"篆刻

福之星，如能当头驻留，自然会降福于人。古人以福星代表福运，是天人感应中之一说，其象征意义十分明显。后来道教宣扬天、地、人三官，以天官为赐福之神，民间多奉天官神或福、禄、寿三神。不承想，人间也有"福星"，那就是为官一任造福一方的好官。古人称"一路福星，又一路顺风，送远行语"，这是祝颂之词。《续资治通鉴长编》载，宋神宗时，鲜于侁任京东路转运使，造福一路（路相当于明清的一个省），深受百姓爱戴，司马光说：鲜于侁贤能，堪称一路福星，山东天灾严重，非他去救治不可，他是诸路转运使的楷模。故古书曰："宋鲜于侁，人谓之一路福星。"《幼学琼林》有"鲜于子骏宁非一路福星？司马温公真是万家生佛"，皆指爱民的地方官。

"福在自求，天无可祷"

这句话出自清朝末代帝师陈宝琛之口。实际上在春秋战国时期，随着"天命论"

受到质疑，人们便已提出"祸福无门，唯人所召""自求多福""反求诸己"的挑战口号，强调人事作为。明代学者袁了凡更明确提出："命由我立，福自己求。"明确告诫人们，不要指望天命恩赐，而要通过自身努力，以树立或改变现世的命运，以修德求福，积善获福，以为求得现实的福报。只有积功累行，才是真正的"天数不能限，风水不能囿"，这时先进的人们已经自动抛弃了"天命"说，强调要把命运操控在自己手中。

"福由心造，祸因贪起"

这是一条至理名言，福由人心自造，在于你需保持善念，驱除邪念，由此考验你的本心，是善心还是恶意，由此出发，就有了人的行为分别。看一个人的行为是善行还是恶行，其区别就是看其初心是贪心与否。荀子称"福莫长于无祸"，出于善心的行为自然无祸，出于贪心邪念则有无数恶行，或损人利己，贪图小利而失大体毁大局；或坑蒙拐骗，图财害命；或背信弃义，落井下石；或叛祖背亲，出卖灵魂……所以，汉代刘向也说："祸生于欲得，福生于自禁。"道德正是自禁的律条。

"福无双至，祸不单行"

这是一则民间口语，表达的是受福不易，告诫人们要谨慎行事，努力求福。幸福不会无故自至，必有劳力付出，或修养德行在先，所以做人要谨言慎行，勤于修德行善，才有福报。灾祸之来，因贪而起，贪念生成，贪心不已，其败德之行不一而足，所以有灾祸不只单行，造孽至于无穷，祸患丛生。积德致福，须劳心费力，且持之以恒，非一时之功。所成实难，故称福无双至，可不慎欤。

"塞翁失马，安知非福"

这是一则流传甚广的寓言故事，众人多耳熟能详。北塞老翁走失马匹，亲友为之惋惜，老翁却不以为憾，反慰吊者曰："安知非福？"不久马回，还带回一匹骏马，众人又贺，翁却道："安知非祸？"果然，不久儿子因骑马而伤腿，众人又来吊慰，翁依然反问："安知非福？"不久，胡人大举入塞，青壮年皆参战，死者十之八九，其子独以跛

◎ 清顺治皇帝御书"积善延年"匾额

足而得父子相保。刘安《淮南子·人间训》的结论是："故福之为祸，祸之为福，化不可极，深不可测也。"人世无常，造化弄人，这一故事正诠释了老子所讲"祸兮，福之所倚；福兮，祸之所伏"的深刻哲理。

"贪满者多损，谦卑者多福"

这里讲的是人的道德修养、文明礼貌与其自身得失之关系。贪心不足与骄傲自满者，最终都要付出利益的代价，看似一时得利，实则永久受损，不损利益也损人格，其后立身处世难以为继。古人所言"满招损，谦受益"，极精练地概括了人世间的盈亏得失规律。谦者自抑、自损或自贬，实则借此取信于人，受教于人，称誉于人，于己并无损失，受益反多，自然是徼福之人。正如老子所言："天之道其犹张弓欤，高者抑之，下者举之。有余者损之，不足者补之。"自然的法则是"损有余而补不足"，"天道福善祸淫"，明乎此理，便知修身树德，以使立世无憾，反躬无愧。

"作威作福""予取予求"

前者指王者独揽威权，擅作赏罚；后者贬斥那些倚仗权势、妄自尊大、横行霸道之人。作福者倚仗权势滥施淫威，任意索取而不知止，专利而不收敛，最终必将导致败亡，权倾威息，身死国灭，历史教训不可胜数。这些都不是谋福之道，反是贾祸之阶，甚不可取。

"天有不测风云，人有旦夕祸福"

这一谚语道出造化弄人，祸福无常，似乎天机深不可测。事实上人的祸福自有端倪，各有踪迹可寻。俗语曰："积善之家有余庆，积不善之家有余殃。"庆、殃之间即福、祸所在，关键在人心所造，人行所招。要防不测之祸、旦夕之变，就需朝乾夕惕，常保谨慎态度，积善求福，修德保福。

"留有余之福予后人""有福不可重受"

此两句所讲都是惜福的道理。有福在前，自可受纳安享，但须以惜福态度当之，不可贪心，不可过分，"过则为灾"，更遑论恣意妄为，奢侈无度，骄纵任情，暴殄天物。惜福既谨慎受福，精心呵护，还须顾及后人、旁人，所以当知留余福予他人，要有利他精神。现在党和国家的造福规划和成果都是计天下之利，计后人之利，作为个人亦当如是。俗称"有福同享"，个人不应专享或重受、大受，适度即可，否则反会失福，甚至于招祸。自然规律是"日中则昃，月盈则食"，满则招损，可不慎哉。

"福至心灵""福至性灵"

这里的心、性同样指人的思想和心理性情，比喻一个人当福气到来时，会有心窍开通的感觉，心思也显得灵巧了。受福之后精神愉快，心性澄澈，似乎变得比往常更有智慧，更加颖悟。这表明一个人在心情愉悦、感觉快乐的情况下，便会更有灵性，精爽胜过平常。所谓福至实际是指人在感觉快乐舒畅的心境中，显得思路清晰灵活、思维敏捷、举措得当。正所谓"春风得意马蹄疾"，办事十分顺遂。与之相反，则是"祸来神窒"，受灾患重压，精神崩溃，自然神思错乱，

◎清"福至心灵"玉佩

头脑糊涂，举止失据，差错连连。《增广贤文》云："福至心灵，祸至心晦。"说明人遇祸福的不同境遇，会有不同的心理感应和心智表现。当然祸福无常，冥冥不可测度，也无从寻踪，但也并非没有端倪，也必有其根源。俗语称"福善从知天泽渥"，说明因行善而致福，才知"上天"回报你的恩泽有多丰厚。

"大难不死，必有后福"

这是对经历过大灾变故之后而侥幸存活的人的宽慰语，但也不是毫无道理的虚话。人生的经验告诉我们，一个人经历过大的灾难之后，比如重病、重伤或水火大险等，脱灾生还之后，能以积极的态度进行反思回顾，则会有思想观念上的彻悟。"打透生死关，参破名利场"，就能活得自在，不再过多计较得失。能以积极、健康的态度面对新生活，吸取致病、致险、致灾的教训，总结去病、去险、去灾的经验，作为今后养生避祸的鉴戒。同时在精神上也要产生新的感悟与认识，以更积极的态度面对未来生活，更积极地修德养心，广种福田，多做善事，使自己灵魂净化，荡垢涤污。如果以前的品德成就已经受人嘉许，此后仍然持之以恒，为德不辍，后福自然还会有。

"福生于微，祸生于忽"

此句指出福分的产生须经长期积累，都是从微小处进行，铢积寸累逐渐加分而形成，即所谓"九层之台起于累土"。而灾祸的产生或爆发却往往是在极短的时间之内。这告诫人们做好人、行善事要持之以恒，形成习惯思维和行动习惯，不能指望一蹴而就。而避祸防灾却要防微杜渐，时刻保持警惕，所谓"朝乾夕惕"，防止突然发生的灾祸。古人范缜的《神灭论》有"忽而生者必忽而灭，渐而生者必渐而灭"之言，讲的就是这个道理。造福不易，招祸甚速，可不慎哉。

"安保九如富贵寿考，幸封三多吉祥子孙"

这联语代表了古人对人祝颂之词的最高境界。"九如"出自《诗经》中的《小雅·天保》，本是臣子祝福君主的颂词，有"如山如阜，

◎（清）黄锡禧《华封三祝》图

如冈如陵。如川之方至，以莫不增"，还有"如月之恒，如日之升。如南山之寿，不骞不崩。如松柏之茂，无不尔或承"。因为是对君上的祝颂，所以臣子不吝谀词，一连用了"九如"，所以"天保九如"成为后人常用的经典颂词。

"三多"典出"华封三祝"，《庄子》天地篇载：帝尧视察华地，华地封人前来祝贺尧帝，说："愿圣人多福、多寿、多男子。"尧帝听后谦辞称：实不敢当，多福则多烦心事，多寿则多耻辱，多男子则为之多操心。华封人说：天生万民，必给事做，有事可为，则不忧其烦；分福予众人，人人受福，又有何烦；天下有道则国泰民安，天下无道则力德施仁，何来耻辱？"华封三祝"遂成为古代颂人或自祝的吉祥语，更有"三祝华封，筹添海屋"和"幸封三福"的成语。前人有诗称："福自天申堪艳羡，三多集庄启华筵。"赞美天降福祉，并为三多并集而庆贺。

"莫把真心空计较，唯有大德享百福"

这话意思明白，所有执拗的计较和百般算计都会落空，都是无谓的，只有积小善、行大德才能最终享受到尽可能多的福气福果。佛家认为"悯济人穷，虽分文升合，亦是福田"，积德于细微之处，日久见真心，自有回报。明代官员钱嵘曾要求下属于衙前都贴一联，曰："宽一分民受一分，见佑鬼神；要一文不值一文，难欺吏卒。"所以古人又说："现在之福，积自祖宗者，不可不惜；将来之福，贻于子孙者，不可不培。"惜福、培福自身都有责任，是能发人深省的。所以说"做官乃造福之地，而人们以为享福之地"。造福、享福之间人的思想境界和世界观判然有别。

"吃亏是福"

这是中国人的生存智慧，是人们总结日常生活和社会交往中得出的经验，中间包含了深刻的生活哲理。清人郑板桥把它大写成榜书，并附上小字说明："满者损之机，亏者盈之渐。损于己则益于彼，外得人情之平，内得我心之安。既平且安，福即在是矣。"这是郑板桥从天文月相的变化规律中，感悟到内心与人情的应酬规律，包含了深刻的辩证哲理。这反映农耕社会生活中人们希望平安与宁静生活的要求，又体现儒家思想中中庸和谐的处世之道，揭示了当时人们对福祉的认识。他从人情之平和内心出发诠释"平安是福"的理念，颇具创见。

吃亏是福看似是一个悖论，但里面却隐藏着一个辩证的道理，即从眼前看是吃了亏、失去了便宜，但从长远看却可能占了便宜，因为它埋下了福果的根基。吃亏云云，无非是个人的眼前利益受损，

◎（清）郑板桥"吃亏是福"拓片

但无伤大雅、无关宏旨，关键是要守住底线、保障大局，才有受福的机会和底气。吃亏成福还由于了解了吃亏的原因，找到不再吃亏的方法，正所谓"吃一堑，长一智"，跌倒了爬起来，仍然认准目标继续前进，去迎接成功的幸福。所以说"吃亏是福"表现的是有志者的坚韧精神和明智态度。郑板桥对"吃亏是福"的解释体现了他豁达的人生观和睿智的幸福观。

第五章
福文化在海外的传播

福是我国古老的文化概念，也是哲学概念，本指人们心目中希望实现的美好目标（理想）。近代以来出现"幸福"的概念，可能与外来文化传入有关，但其涵蕴似较"福"的范围要小些。福祉的追求包括了人生、家国、社会、世界的一切目标，而幸福的意旨如按古希腊著名哲学家的说法，苏格拉底认为，幸福在于认识自己；柏拉图认为，幸福在于爱情之中；亚里士多德认为，幸福在寻求真理的过程中。他们表述的幸福主要是基于个人的心理感受，但他们都认为，寻求幸福是人类的自然使命，所以说西方国家的幸福观是切己的感受、利己的体验，与中华福文化相类但不完全相同。

　　中华福文化因其从追求人性真、善、美的目标和愿望出发，祈求获得幸福的理念，完美地表达了人类的共同理想与追求，所以从同理心出发，中华福文化的追求与主张，可以为域外国家的民众所接受，这就可以解释为什么华人带出去的福文化思想和活动竟如此受欢迎，并迅速传播。那些历史上与中国有密切交往的周边国家和地区，以及大量华人移居的国家和地区，受到中华福文化理念与习俗的影响尤为深远。随着中国在国际社会地位和影响力的提高，福文化的思想意识和民俗事象，在海外也产生了越来越大的影响，形成巨大的吸引和感召力。在海外，福文化的传播通常通过手工艺术的形式进行，如书法、绘画、剪纸、刺绣、木雕、石刻、瓷器等载体传播，加上通过广泛普及的民俗活动，以其丰富多彩、群众喜闻乐见的形式吸引和默化海外受众。因此，人们可以看到海外每逢岁时节庆和公共假日期间，多有举行丰富多彩的群体性娱乐或狂欢活动。福文化作为中华传统文化的集中体现，广受世人欢迎，以华人为主导的徼福求祥活动，正是通过祠庙的祈福祭祀，或通过节庆假日的祈福文娱活动，形式大同小异，其价值观念相同，实皆归于同一的求福心理。尤其在与中国同文同种或与中华文化联系密切的国家和地区，每逢岁时节庆都会开展祈福庆典，许多倾慕中华文化的国家和地区也都竞相学习与仿效。中华福文化在海外的影响日益扩大而加深，其原因都在于福文化在实质上代表了人类的共同追求，表达了同样的心声，甚得世界各地人民的认同与欢迎。

中国的春节充满着喜庆欢乐的氛围，这是普天同庆、天地同春的美好节日。据统计，目前在海外的华侨华人分布在近200个国家和地区，总人口达6000多万。春节期间，无论在中国还是在海外各地的华人都会举行各种祈福仪式和游乐活动。海外各地的唐人街华人社区更是举行各种相同的娱乐活动，成为人们欢会之地，处处洋溢着与祖国完全相同的喜庆气氛。凡建有寺庙宫堂的，均烧香祈福或祭祀供奉，表达海外游子祈福求祥的虔诚心愿和对家乡与亲人的怀念与祝颂。社区内的华人族裔成群结队举行有组织的彩妆或花车游行，不仅吸引在地居民、外地游客的围观聚睹，而且也吸引大量当地居民参加游行并表演节目，其乐融融之盛况显示出中华传统文化的巨大魅力和感召力。中国人不仅自己祈福、迎福、受福，而且还向海外送福，福文化正顺着海上丝绸之路漂洋过海，向世界传播，不断送出中国式"福"礼。

福文化作为中国人最喜欢的吉祥文化，同样契合世界各地人民祈求幸福的心理。福文化保留着大量的传统民俗，又具有广泛的包容性，因此华人祈福活动具有强大的感召力和凝聚力，完全可以包容海外不同肤色人种和不同信仰习惯的广大人群。随着经济发展和国力强盛，我国在海外影响日益扩大，无论在日常或是逢节庆，以祈求福祉和赢得幸运为目的的福文化活动，在世界各地广受欢迎。福文化成为联系各国人民，增进彼此了解和友谊的纽带。特别是每年春节和国家庆典，许多外国元首和政府首脑都适时地向中国人民和华侨华人表达新春祝

◎ 加拿大唐人街下水道井盖的中国龙图案

福和节日庆贺。尽管各个国家和地区之间语言文字不同、文化风俗各异，但对祈求福气、追求幸福的理想相同，福文化可以传递和平友好、诚信、喜庆、吉祥的积极气息，借以传播中华传统文化，提升中国影响力。

第一节　东南亚地区的祈福活动

东南亚部分国家和地区历史上曾与中国同文同种，或建立过宗藩关系，所以对于中华文化有过认同感，尤其是对福文化的接受，在他们的民俗和岁时节庆中都有较为清晰的表现。

东南亚的越南、泰国等历史上曾为中华藩属国，自然因向风慕化而引入中华文化和风俗习惯。如越南自古就有崇拜孔子、学习儒家文化的传统。在祈福方面也不例外，他们与中国同样过春节，过年也都到寺庙烧香祈福，为亲人祈求幸福和平安。每年高考前，都有许多考生到孔庙（文庙）祈福，期盼高考能考上理想的大学。中国的文庙因此也在越南（特别是河内）享有文教方面的尊荣。每年初春，越南文庙和国子监都有数以千计的青年学子入内祭拜求字赐福，所求汉字包括"登科""达（才达德成）""成功""福安""吉祥""杜达""坚""明""钱财"等等。越南河内文庙是李朝17世纪时的建筑，历史悠久，建筑内高悬康熙皇帝御书"万世师表"题匾，两侧奉祀中越两国先儒。庙内还存有进士题名碑，每年春节都举行隆重祭祀活动，同时进行书法、吟诗、下棋、斗鸡等文娱活动。

马来西亚人对"福"情有独钟，这缘于中华文化的传承。其地华人社会乃至整个国家，"福"字频现。"福"字不仅普遍用于人名，就连地名、商店名、公司名也普遍采用，祠庙名更为常见，如"福德祠""福广宫"。槟城大伯公街的福德正神庙始建于1850年。第一家华文私塾槟城五福书院创立于1819年。马来西亚人青睐五福源于中华文化情结，也有深刻的历史根源。早期华人背井离乡，漂洋过海，谋生异地，亟待心灵慰藉，只能把对生命、生活前景的祝愿寄托于冥冥之中的祈福上，所以在他们心中，跟福有关的一切事物和习俗便一代又一代地传承下来。由于马来西亚是多元文化的国家，各种文化互相影响和融合，中华福文化对各种不同族群皆是共同追求的目标，所以每到春节，"福"字到处可见，连民俗中的舞狮祈福活动也争相仿效。面对各种自然灾害，人们对幸福的期盼更加强烈，祈福活动也更加盛行。居住在马来西亚的华人每年过春节都有隆重热烈的庆祝活动。他们与国内有相同的民风民俗，用年糕年饼祭神、祭祖，逢年过节也有张灯结彩、舞龙舞狮的活动，此习俗应是由华人传播出去的祈福娱乐方式。马来西亚华人过中秋节的传统是阖家赏月，观舞龙舞狮，提彩灯游行，拜月祈福。例如，由闽南传去的"抛柑"习俗，为的是祈求嫁个好老公，婚姻美满幸福。

新加坡国民多数是华侨，他们过春节的习俗是到佛祖庙或观音堂去上香祈福，有的华人在农历除夕夜到庙宇插头炷香为新年祈福。这些活动是新加坡华人的传统祈福习俗。正月十五上元节（元宵节），新加坡道教信众在天福宫举行元宵庙会，祈求天官大帝赐福，保佑一年平安顺利。新加坡以农历四月十五日为佛吉祥日，即佛诞日或浴佛节，全岛人都参加礼佛祈福活动。

◎ 新年晚上的吉隆坡天后宫

第二节 东亚地区的祈福活动

东亚地区的日本、琉球、朝鲜半岛，历史上曾积极学习与吸收汉文化，所以中华福文化也深深地融入他们的文化之中。在祈福、徼福活动中人们可以发现，二者之间有着相同或相近的幸福观和价值观。

日本因为较早接受汉文化，所以在文化、教育、学术乃至风俗习惯等方面都深受中华文化影响，在民俗活动和民间信仰方面也不例外，其祈福禳灾的民俗也多源自中国。

琉球首里城原是中山国之都，明初与明廷建立宗藩关系，开始深受中华文化影响。每年春节，新年第一天早晨，举行祈福仪式，游客可受到祝酒或祝茶招待，祝愿新的一年幸福长寿。前往琉球首里城，首先可见一座红色中国式牌坊，上有明万历皇帝题匾"守礼之邦"。首里城外有一座圆比屋武御狱石门，以前国王出城，都会来此祈求平安，石门为中日结合的建筑。向上走还会看到中国式建筑的欢会门、瑞泉门、元庆门、漏刻门，中间还有牌匾题字，体现了中国传统文化对琉球的影响。

自 2008 年以来，日本历任首相大多有发表春节贺词。首相和外交大臣分别对中国人民和华侨华人致贺信，表达新春祝福。

日本人在神社里祈福所用的御守小布袋，就是专用于祈福的吉祥物，面上写的是祈求保佑的汉文词语，内容包括祈求健康长寿、婚姻美满、事业学业有成、招福避祸等。

日本新年祈福活动，春节第一天常见的是放鞭炮、占岁、饮酒、拜年，去神社进行初次参拜（初诣），向神灵祈求实现愿望。新年的零点，寺庙会敲响 108 声"除夜之钟"，以祈福消灾。不少日本人会通宵排队，希望赶在第一刻进入神宫参拜。

◎ 日本京都伏见稻荷大社

　　日本人都在年末进行大扫除，清理垃圾并消除心理上的烦恼负担，以便轻松地进入下一年。年前各家在家门口放置门松，象征长寿不老；在大门上挂福件，用新稻草扎成，象征长寿和子孙繁盛。除夕之夜全家吃"年越荞麦面"，象征新年健康长寿、家运绵长。在正月喝屠苏酒以驱病健身，这是从唐朝传入后保留至今的民俗。大年初一日本人倾城出动到寺庙烧香拜佛，如同中国的春节庙会。

　　2023年春节，日本首相岸田文雄用中文写出新年贺词："向在日本生活和工作的华侨华人及喜迎春节的朋友拜年。"

　　韩国的民间祈福活动主要体现在岁时节庆之中，春节时民间传统的祈福祛祸活动最具代表性。首尔市市长在普信阁敲钟以辞旧迎新，进行祈福仪式。居民有的祭礼和岁拜，以祈福祛祸求吉祥；有安宅时搞驱鬼踩地神活动，以祈求平安。韩国人认为，高考是孩子命运的转折点，所以当青年学生参加高考前，大批家长前去寺庙为孩子点蜡烛祈福，期望孩子考出好成绩，能上理想的大学。

　　韩国七夕节俗明显受中国影响，旨在乞求织女星，希望女子也有巧手能织好布。这一风俗始于汉代，唐时流传到中国周边地区。韩国还有点灯祈福的习俗，已婚人士点亮姻缘灯，可使夫妻恩爱长乐；单身和未婚人士点亮姻缘灯，能顺利结缘。

第三节　欧美地区的祈福活动

一、美洲地区的祈福活动

美洲地区与中国遥隔万里，人种与文化大不相同，但在追求幸福、祈求吉祥方面有着共同的价值观。因此，随着华人移民增多，华侨社区形成，福文化也通过各种途径传播过去，并且以其美好的价值观与完美的表现形式吸引了在地的民众。

在美国纽约唐人街，春节大游行是声势浩大的迎春祈福活动。花车游行是其最有特色的人文景观。2022年12月，在纽约的华人举办走进美国海丝文化交流分享会，吸引当地多族裔友人参加，共同分享福文化、品饮福建的"福茶"。福文化也逐渐融入美洲社会之中。在洛杉矶，华人正月初一都会到天后宫上香祈福，观看舞狮表演，以迎接新年。洛杉矶佛光山西来寺是美国著名佛教圣地，每年春节寺院都张灯结彩吸引众多华侨华人及其他族裔民众感受过年氛围，举行丰富多彩的迎春贺岁活动。

美国加利福尼亚州州长签署法案，将农历春节列为法定假日，这在美国诸州中是第一个。

二、欧洲地区的祈福活动

欧洲地区与中国交往的历史较美洲更加悠久，欧洲人民对中国福文化的认识与理解也更早、更深入。华人在欧洲生活，也以各种方式传播和演绎福文化，润物无声地影响当地社会和民众，形成对福文化的心理认同与价值认同。

法国巴黎市长及地方政要每年都出席春节嘉年华活动，为舞龙舞狮点睛祈福，并启动彩妆游行，祝福在法华侨华人新年顺意，祝愿中法民众更加亲密友好，期待两国合作开辟新愿景。

当地时间 2023 年 2 月 1 日晚，英国国王查尔斯三世夫妇在白金汉宫举行盛大农历新年招待会，专门邀请所有庆祝农历新年的东南亚国家社区代表参加，包括中国、日本、韩国、泰国、马来西亚、印度尼西亚、新加坡、越南、缅甸、蒙古国等。受白金汉宫邀请，帮助组织新春活动的华人资料与咨询中心主席杨庆权是马来西亚华人，他说："在此过程中，中华文化也得到更广泛的传播，这是春节的重要意义。现在春节也是英国一个非常重要的庆典，从皇室、政府，到各大机构、博物馆、学校、商家、社区社团等，都会举行春节庆祝活动……令英国主流社会进一步尊重和认识中华文化和传统。"之前查尔斯偕夫人到访伦敦唐人街，共同庆祝农历虎年的到来，他们戴着喜庆红围巾，为舞狮点睛，观赏舞龙舞狮表演，参观唐人街，用毛笔写了"福"字。2019 年春节，前首相特雷莎·梅热情接见华社代表，首相府大门首次贴上大红春联，传统的舞狮表演也走进首相府。2020 年除夕，在团拜活动中，中国茶艺和书法艺术首次在首相府登场，约翰逊首相即兴写下"福"字，为大家送上新春祝福。

2023 年 2 月 6 日，法国里尔举办首届春节庙会，里尔副市长等政要都出席庙会活动，里尔大区主席表示："今天的活动充分展现了中国传统文化是多么受到法国人的喜爱！只有通过文化，才能更好地促进法中人民的相互理解。"

同样在兔年春节期间，在瑞典斯库卢普市文化交流中心，从写"福"字开始，讨论福的意义，拉开享福喝茶序幕，来宾对中国工夫茶赞不绝口，朋友聚会成为中国福茶文化与生活方式的传播平台。在卢森堡市中心的"有福中国茶馆"，卢森堡友人对福建茶尤其是福州茉莉花茶、安溪铁观音赞赏有加，为收到"福茶"礼包而欣喜。他们还体验了写"福"字的文娱活动。可见世界友人认可福文化，乐意感受福文化。挪威小朋友对"福福"布偶爱不释手，意大利姑娘也将"福"字窗花贴在家中的玻璃窗上，荷兰的四位女学生在办公室怀抱松软的"福"字抱枕与布偶合影。

由上可见，美欧等西方国家出于对真、善、美的追求，同样可以受纳中华福文化的艺术形式和思想内涵。西方国家学者认为，幸福是一种自然存在的状态，或是人的生活状态，它不在于满足欲望，不在于任何外在的东西，也不取决于所取得的成就或对未来的规划。这种幸福只在于内心的体验：心境平和超脱，内心自然喜悦，自我满足。总之，这种完全是自我感觉的幸福观，是自然主义的，甚至是"唯心"的，与我国源自几千年前的福祉观念有很大不同。我们的福祉观不拘囿于个人的现实感受，还有对未来的憧憬，对前途的规划，对他人的关怀，对弱者的扶助。总之，我们的福祉观是从祈福、求福开始，逐渐前进发展为谋福、造福乃至受福（享福）的全过程，是人的一生追求，更是家国的理想规划，是淑世利他的徼福过程。两相比较，中华福文化的深刻性和普惠性是显而易见的，因而它有着恒久的生命力与强大的感召力。

第六章

福文化的时代性发展

福文化的核心在于追求并最终享受幸福。中华人民共和国成立后，我国进入社会主义建设新时期，人民开始享受幸福的新生活。目前，随着中国式现代化的不断推进，我国进入了建成社会主义现代化强国的新时代，人民大众深切地感受到国家繁荣富强所带来的不仅是和平安宁的生活环境，而且还有幸福富足的家庭生活。民生福祉大为改善，由解决温饱到进入小康，再向中等发达国家水平迈进，全民的获得感、幸福感大大提升。实现中华民族伟大复兴的中国梦，早已不是遥不可及的目标了。

中国人民要实现的幸福梦，是国家的繁荣富强和人民的和平幸福。为民造福，满足人民对幸福生活的追求，是中国共产党孜孜以求的初心使命和奋斗目标，也是新时代中国特色社会主义建设的内在要求。中国共产党的百年历史，就是一部全心全意为人民谋福、造福的历史。中国近代历史证明，唯有中国共产党才能承担起为民造福的历史重任。

随着时代的发展进步，随着中国国力强盛和在国际社会地位的提高，我国在国际上的话语权和意识形态影响力也越来越大。福文化以其自身的文化和思想优势，得以不断发展、壮大，逐渐提升其质量，扩大充实自己的内涵，从而与时俱进地发展。

第一节　为民谋福是中国共产党的初心使命

中国共产党自诞生以来，秉持的理念和奋斗目标便是为人民谋求幸福和创造幸福。中国人民在新时代对生活的追求是全体人民享受幸福生活，这是福文化在新时代的发展前景。习近平总书记指出："人民对美好生活的向往，就是我们的奋斗目标。"新时代，广大人民对幸福的追求不仅是心中的期盼，更是扎实地推进中国式现代化建设，实实在在地走在幸福大道上，走向新的更大的幸福，享受越来越多的幸福成果。

一、牢记为民谋福的根本宗旨

马克思主义是中国共产党立党、兴党的根本指导思想。在马克思主义指引下，中国共产党领导中国人民进行了伟大的革命斗争和建设实践，结出了丰硕的果实——中国特色社会主义，创造了中国特色现代化道路。中国共产党之所以能获得如此成功，是因为马克思主义至少具有以下几个特征：一是科学性，二是真理性，三是实践性，四是人民性。无产阶级从剥削阶级手中夺回生产资料，解放了生产力，让人民获得自由全面发展的条件。广大人民当家作主，建设自己幸福的新生活。这既是马克思主义指出的奋斗目标，也是共产党人的建党初心和社会使命。

（一）为民谋福是马克思的初衷

马克思为人类的解放事业奋斗一生，创立了马克思主义哲学、政治经济学和科学社会主义理论。他本身具有为人民谋幸福的高尚品质和远大抱负。早在读中学的时候，他就立定了为人民谋幸福的志向。他在中学时代的作文《奥古斯都的元首政治应不应当算是罗马国家较幸福的时代》中提出，国家官吏应当为人民谋幸福。

◎ 马克思

1835 年 9 月，17 岁的马克思在高中毕业作文《青年在选择职业时的考虑》中表明，要为千百万人的幸福而工作。

马克思不仅提出并倡导了为人民谋幸福的理念，而且一辈子都在践行这个理念。从 1845 年到 1870 年《资本论》出版之前，他一直饱受贫穷、疾病和反动政府迫害的折磨，他的三个孩子死于贫病之中。在这种境遇中创立的马克思主义理论，更让人敬佩他为人类求解放、谋幸福的可贵执念与坚强毅力。

（二）为民谋福是共产党人的初衷

马克思主义是科学的世界观，具有鲜明的阶级性和正确的价值取向。为人民争取现实而非虚幻的幸福，是由马克思主义者的人生观、世界观所决定的，体现在他们的奋斗理想和人生价值之中。

在马克思主义伟大思想指引下，真正的马克思主义者和共产党人每时每刻都站在最广大人民的一边，主张幸福的主体是人民，幸福的载体是生命，幸福的动力是人民的需求，幸福的源泉是劳动和奋斗。马克思主义者认为，幸福具有多层次、多维度的内涵，是物质幸福与精神幸福的统一。幸福又是个人幸福与社会幸福的统一，是当下和未来幸福的统一，更是造福与享福的统一。因此马克思主义幸福观是共产党人行动的指南和向导。

（三）为民谋福是党的初心使命

我国革命领袖把马克思主义基本原理和中国革命具体实践相结合，代代相承、坚持不懈地践行着为人民大众谋福造福的初衷。在

◎ 年画《勤劳致富》

取得政权，掌握自己的命运之后，更把马克思主义幸福观发扬光大，把为人民谋福造福作为治国理政的总目标，写进治国的纲领与规划中，使中国福文化的内涵和目标大大拓展。

以毛泽东同志为核心的党的第一代领导人，团结、领导全党和全国各族人民，战胜一切艰难险阻，夺取新民主主义革命的伟大胜利，建立起人民当家作主的新中国，让中国人民扬眉吐气，享有了"站起来"的幸福权利。

以邓小平同志为核心的党的第二代领导人，继续团结、领导全党和全国各族人民进行改革开放的宏伟事业，让中国人民甩掉"一穷二白"的帽子，走上了"富起来"的幸福大道。

邓小平同志之后历届党的领导人，相继提出并努力践行"三个代表"重要思想、坚持科学发展观，推进中国人民的各项造福工程取得许多重大成就，让人民享受实实在在的生产创造成果。

党的十八大以来，我国进入建设中国特色社会主义新时代。在习近平新时代中国特色社会主义思想的指引下，中国人民实现了全体脱贫奔小康，中华民族迎来了从"站起来""富起来"到"强起来"的伟大腾飞，大踏步迈上幸福的康庄大道。

习近平总书记在党的十九届一中全会上指出："为人民谋幸福，是中国共产党人的初心。"他反复强调："中国共产党所做的一切，就是为中国人民谋幸福、为中华民族谋复兴、为人类谋和平与发展。""充分发挥广大人民群众积极性、主动性、创造性，不断把为人民造福事业推向前进。"这些重要论述昭示了作为忠诚马克思主义者的中国共产党人，具有宽阔胸怀和崇高理想，也体现了党一贯坚守的价值观和幸福观。

二、明确为民谋福造福的基本问题

习近平总书记指出，为什么人的问题，是检验一个政党、一个政权性质的试金石。我们党坚持的理想就是团结、领导全国各族人民创造幸福的新生活，党的初心使命便是为中国人民谋幸福、为中华民族谋复兴。为人民谋幸福，是我们党推进新时代中国特色社会主义伟大事业的基本价值遵循。

（一）谋福的主体——人民大众

我们党作为执政党，是新时代中国特色社会主义伟大事业的领导核心。我们党是马克思主义政党，为人民谋幸福是党的初心使命，中国共产党自 1921 年诞生以来，便把全心全意为人民谋幸福题写在党的旗帜上。回顾历史，我们党之所以能在革命、建设和改革事业中从一个胜利走向另一个胜利，都是因为我们始终坚持为人民谋幸福的初心使命，始终和人民站在一起并得到人民群众的衷心拥护和爱戴。展望未来，我们党在发展与进步的道路上，还要继续践行为民谋福的宗旨。

（二）谋福的对象——全体人民

历史唯物主义认为，人民群众是社会历史的主体，是物质财富与精神财富的创造者，是推动历史前进和社会变革的决定性力量。人民是党的根基和力量所在。如果没有中国人民的拥护，党就无法进行有效的执政，换言之，中国人民是党的执政之基、力量之源。因此，中国共产党最大的政治诉求便是坚持为全体人民谋幸福，而

◎ 雷锋精神永放光芒

不是仅为个人或少数人谋私利，立党为公是建党宗旨，执政为民是党的目标。

在革命战争时期，人民群众是革命事业的积极支持者和热情参与者；在社会主义建设时期，人民群众依然是建设事业的热情参与者；在改革开放时期，人民是改革开放事业的有力推动者。人民是党的根基，党和人民是鱼水关系，是血肉相连的。

无论是在旧民主主义革命时期，还是在新民主主义革命时期，人民群众均竭尽全力支持革命。在新民主主义革命时期，共产党与人民群众是鱼水相依的关系，如在土地革命战争时期，苏区人民舍命保护共产党员和红军战士，把自己的儿子送去参加红军，把最后一碗大米送给红军当军粮，把最后一寸土布送给红军做军服，把最后一点食盐调成盐水用来救治伤员。

在社会主义建设时期，人民群众仍然与党休戚与共，齐心协力，共同奋斗。为了粉碎帝国主义的严密封锁，党领导人民自力更生，艰苦奋斗，奋发图强，建立起独立、完整的工业体系和国民经济体系，让中国拥有了500多种大中小齐全的工业门类，基本解决人民的温饱问题和日常生活所需，为改革开放积累经验、打下基础。1978年党的十一届三中全会之后，中国开始实行对内改革、对外开放的方针和政策，得到人民群众的积极支持和热情参与。广大群众在改革开放实践中发挥首创精神，创造了辉煌业绩和宝贵经验。

2012年党的十八大以来，习近平总书记团结带领全国人民，创立习近平新时代中国特色社会主义思想，进一步完善和发展了中国特色社会主义制度，推进国家治理体系和治理能力的现代化，解决了许多长期想解决而未能解决的难题，办成了许多过去想办成而未能办成的大事，推动党和国家事业取得了许多历史性成就。中国面貌再次发生划时代的巨变，中国特色社会主义进入新时代。

马克思主义认为，为民谋福应该关照到全体人民和每一位民众，要为所有人民谋福造福。正如习近平总书记多次强调的："小康路上一个都不能少。"党的十九大报告指出："保证全体人民在共建共享发展中有更多获得感，不断促进人的全面发展、全体人民共同富裕。"习近平总书记在庆祝中国共产党成立一百周年大会上指出："中国共产党根基在人民、血脉在人民、力量在人民。中国共产党始终代表最广大人民根本利益，与人民休戚与共、生死相依，没有任何自己特殊的利益，从来不代表任何利益集团、任何权势团体、任何特权阶层的利益。"党的二十大报告强调："一切脱离人民的理论都是苍白无力的，一切不为人民造福的理论都是没有生命力的。"

（三）谋福的目标——人民的美好生活与个人自由全面发展

为人民谋幸福的现实目标是为人民谋求富足美好的生活。脱离实际、空洞地谈为人民谋幸福，不是马克思主义者的立场和态度。为人民谋幸福是具体的，而非抽象的，应当表现为人民幸福的指数不断提高。随着经济与社会的发展，随着社会基本矛盾的变化，幸福的内容也因之发生变化。以前，党为满足人民基本的物质文化生活需求而努力，现在则为人民实现更加美好幸福的生活而奋斗。人民对美好生活的需求包括：物质财富上的殷实，精神文化上的富足，政治生活上的清明，国家安全上的平安，社会关系上的和谐，生态环境上的舒适。可见，党为人民谋幸福的目标和标准，是随着社会发展而不断提升和发展的。

为人民谋幸福的最高理想是实现共产主义，而共产主义社会是由自由而全面发展的人组成的联合体。马克思曾经指出："每个人的自由发展是一切人自由发展的条件。"以习近平同志为核心的党中央多次强调要促进每一个人自由全面地发展，这展现了我们党为人民谋幸福的远大目标。党的二十大报告指出："为民造福是立党为公、执政为民的本质要求。"

（四）谋福的基础——各项建设均衡发展

要实现每一个人自由全面的发展，客观上要求坚持各方面各项建设均衡发展，实现物质财富极大丰富、精神生活充实满足、政治上民主法治、国家安全祥和、社会环境和谐稳定和生态环境舒适优美。

1. 物质生活宽裕殷实

人民要实现现实的幸福，必须拥有宽裕殷实的物质基础，而这取决于国家的经济发展水平。物质上的匮乏和民生的穷困，是全人类的顽疾。我国从古代到现在 5000 多年间，人民群众一直在和物质匮乏和生活贫穷做艰苦卓绝的斗争，希图摆脱物质匮乏的桎梏。贫穷不是社会主义，社会主义的本质要求就是要消灭贫困落后，就是要解放和发展生产力，从根本上解决绝对贫困问题。只有建立强大的物质基础，才能满足人民不断增长的对物质文化生活的需要，才能实现人民的幸福生活。

2. 精神生活充实满足

人民要实现现实幸福，除了物质财富上要求宽裕殷实外，精神上也要达到充实和满足，这是形成幸福生活的思想基础。辩证唯物主义认为，社会存在决定社会意识，社会意识对社会存在具有反作用，说明精神文明和物质文明具有同等重要的地位。人们在物质生活富足之后，对精神文化的需求也会随之提升。党的二十大报告指出：中国式现代化是物质文明和精神文明相协调的现代化。物质富足、精神富有是社会主义现代化的根本要求。精神文化是满足人民幸福美好生活的一项重要内容。文化产业越发达，人民群众获得的文化产品和文化服务便越丰富，其供给和保障也越有力。文化是民族的血脉和灵魂，是人民的精神家园，体现国家的软实力。文化兴则国运兴，文化强则民族强。要实现中华民族的伟大复兴，要让中国人民过上幸福美好的生活，精神文明建设不可或缺，文化繁荣发展将给人们带来精神满足。

3. 政治生活民主公正

要让人民获得现实幸福，就要通过在政治上不断扩大人民民主，以夯实法治基础。"民唯邦本，本固邦宁。"人民是国家的根本和基础，只有巩固它，才可以让政局稳定、社会安宁。我国是人民民主专政的社会主义国家，人民是国家的主人，加强法治建设，为人民群众永久的幸福提供坚强的保障，要让人民群众通过各种渠道参加到国家管理和社会治理活动中来。党中央强调坚持我国社会主义民主协商方式，拓宽民主渠道，实现全过程人民民主，凝聚社会共识，体现民众意愿，坚持人民当家作主的政治原则。党中央坚持全面依法治国的方针，倾听人民的法治诉求，加强法治建设，推动全党厉行法治，坚持走科学、严格和公正的法律程序，创建人人依法、守法的法治环境，提高人民群众的法律意识和法治素质，使人民群众真正获得安全感和幸福感。党的二十大报告指出："全面依法治国是国家治理的一场深刻革命，关系党执政兴国，关系人民幸福安康，关系党和国家长治久安。"

4. 国家形势和平安定

要让人民获得现实幸福，就要保障国家的安全稳定，这是人民获得幸福的基本保证。有句俗话："宁为太平犬，莫作离乱人。"可以想见古人对社会动乱的切肤之痛。所以，历朝历代都以国泰民安作为祈福的诉求和治国理政的目标。党中央一贯强调国家安定、社会稳定的重要性，主张国家总体安全本质上是人民的安全，始终强调要保持清醒头脑，时刻保持忧患意识，居安思危，常备不懈，抵制并化解各种安全风险，以完善的国家安全战略和策略应对风云变幻的国际环境，牢牢维护国家的主权、安全和发展利益，百倍警惕地维护国家的长治久安，让人民群众安居乐业，享受和平幸福的生活。

5. 社会关系和谐进步

要让人民获得现实幸福，就要保持社会和谐，在不同层次的民众生活中和大范围的社会事业中，让人们收获获得感和幸福感。全面建设社会主义现代化国家，根本目的就是让广大人民群众过上幸福美好的生活，为群众增进福祉，谋求各种实惠和利益，设法解决广大人民群众的急事、难事、愁事和盼事。中国共产党在领导社会主义事业中，坚持维护社会的和谐稳定，坚持倾听民意、慰藉民心、解决民忧、服务民生，最大限度维护人民群众的就业权、受教育权、医疗卫生服务权、社会保障权、养老权、住房权、生态权和社会公平正义权，竭尽全力解决各种突出的民生问题，不断改进社会治理方法，打造高档次的社会公共服务系统，实现人民共建、共享的目标，为实现人民幸福而打造和谐稳定的社会大环境。

第二节　中国共产党为民造福的历史实践

中国共产党自诞生之日起，就坚定地认为"人民是历史的主体"，从这一根本立场出发，始终把人民拥护不拥护、赞成不赞成、高兴不高兴、答应不答应作为衡量一切工作得失的根本标准。中国共产党人始终不忘为民谋福、造福的初衷，坚持初心使命，时刻关心百姓的福祉，不断进行为民造福的实践，终于创造了人间奇迹，受到全世界的关注和赞叹。中国共产党之所以能在为民造福上取得巨大成功，与她在历史上始终坚持并专心一志地为民谋福的理想与实践分不开。

一、艰辛探索民族复兴道路

中国近代史证明，唯有中国共产党才能承担起为民造福的历史重任。中华民族在五千年文明发展中，孕育和成长起来的奋斗精神和高度智慧，创造了作为民族灵魂的中华文化。福文化是中华文化的基因和标志之一，是中华民族绵延发展的重要思想基础和内在动力，是维系中华民族统一、自立、自强的精神力量。但是，近代以来，由于清王朝的腐朽统治和列强的疯狂侵凌，中国沦为半殖民地、半封建社会，人民群众生活困苦，承受着帝国主义、封建主义和官僚资本主义"三座大山"的重压。面对民族的苦难和国家的沦亡，无数仁人志士探索积贫积弱的根源，寻找救亡图存、民族复兴的道路。

在中国共产党成立之前，许多志士先烈进行过艰苦卓绝的反抗斗争，可是都一次又一次地失败了，他们为此而抱终天之憾。孙中山先生领导的辛亥革命，推翻了封建专制政权，但由于没有严密的组织和先进的思想作指导，并没有实现最终目标，从这个意义上说革命也失败了。

五四时期的新文化运动，总结辛亥革命的经验教训，继续寻找新的出路。五四运动在中国革命史上具有划时代意义，标志着中国新民主主义革命的伟大开端。在俄国十月革命的影响下，许多先进知识分子经过深思和比较，接受了马克思主义思想，走上新民主主义革命的道路。在马克思主义的科学社会主义思想指引下，许多先进知识分子共同作出了历史性的选择，走历史必由之路。

随着马克思主义在中国的传播并同中国工人运动相结合，一大批先进青年和具有初步共产主义思想的知识分子成为马克思主义者。他们代表中国工人阶级、中国最广大人民群众的利益聚合起来，成立了无产阶级的先锋队中国共产党。中国共产党从诞生的那一天起，就继承中华民族的优秀传统文化，坚定信念，决心为民造福，解救人民于苦难之中，承担起再造中华、振兴中华民族的历史使命。

从中国社会历史发展的过程看，为民造福受制于时代条件和社会环境，同时囿于人的认知能力。落后腐朽的社会制度只会阻碍人民群众创造自己幸福生活的努力，唯有先进的社会制度才能帮助劳动者创造自己的幸福生活。中国共产党带领全国各族人民为实现人民的解放和民族的复兴而顽强奋斗，经历过长期艰苦卓绝的革命斗争和奋发图强的建设与改革，最终走出了中国特色社会主义道路。实践证明，只有坚持共产党的领导，坚持中国特色社会主义道路自信、理论自信、制度自信、文化自信，人民才能真正成为国家的主人，获得自由全面发展的条件。人们通过辛勤劳动，获得自己创造的财富，终于过上美好幸福的新生活。时至今日，全体人民通过共建共享，有了越来越多的获得感和幸福感。

二、为民谋福的崇高信仰

在寻求救国救民真理的探索中，中国共产党选择了马克思主义这一伟大真理，并成功地实现了马克思主义与中国革命和建设实践相结合，中国社会由此一步一步地走上健康发展的道路，实现从站起来到富起来，更走向强起来的目标。

在马克思主义传入中国的同时，中国社会流行过形形色色的文化思潮，其中最具代表性的有自由主义的"西方文化派"和保守主义的"新儒家学派"。

"西方文化派"的出现是"西学东渐"的产物，初期有唤醒民众、解放思想的启蒙作用，形成倡导民主与科学精神的良好文化氛围。但他们没能提出引导民众除旧布新、走上正确的救国之路，更未能指导民众规划建设幸福新生活的方案。因此脱离了中国实际。

"新儒家学派"是在东西方文化论战中崛起的，他们看到现代西方物质丰富背后的精神危机，力图把中国传统文化纳入世界文化行列，崇尚中华优秀文化的凝聚力和自信心，也摒弃传统儒学的原始性、直观性缺陷，有其独到的贡献。但是，他们所崇尚的"复古改制""文化复古论"脱离社会现实，脱离人民群众，缺乏时代感和号召力。

中国共产党在寻求救国真理与道路的过程中，摒弃上述两种有弊端的思想文化，科学地选择了马克思主义学说。马克思主义对人类社会发展规律的科学揭示，为认识和对待中华民族传统文化提供了正确方法和科学指导，也为中华民族指明了通向美好社会的正确道路。

中国共产党把马克思主义与中国工人运动紧密结合起来，带领中国人民夺取新民主主义革命胜利，建立了新中国；继而完成社会主义革命，建立社会主义制度；又开启了改革开放和全面建设社会主义现代化国家的新征程，开创并坚持中国特色社会主义道路。中国共产党把马克思主义基本原理同中国社会实际相结合，确立了自己的性质宗旨、理想信念、目标任务；始终将全心全意为人民服务作为党的宗旨，始终将为人民谋福利作为制定方针、政策的出发点和落脚点，执着地坚持为中国人民谋幸福、为中华民族谋复兴的初心和使命。

三、脚踏实地为民谋福

中国共产党在长期领导中国革命和建设中，之所以能赢得人民的信赖和支持，之所以能够在风云变幻的国际斗争中立于不败之地，最根本的经验在于始终与人民同心同德，紧紧依靠人民群众，全心全意为人民谋利益，在任何情况下始终与人民群众同呼吸共命运。

习近平总书记反复强调："江山就是人民，人民就是江山。"坚持为人民服务的宗旨，与人民风雨同舟、血脉相连、生死与共，是我们党深受人民拥护、能够带领人民取得革命和建设胜利的根本保证，也是我们战胜一切困难和挑战的根本保证。在中国共产党人的心目中，人民的利益高于一切，重于一切。毛泽东早在《为人民服务》中就指出："我们这个队伍完全是为着解放人民的，是彻底地为人民的利益工作的。"他还深情地告诉革命者："中国人民正在受难，我们有责任解救他们，我们要努力奋斗。要奋斗就会有牺牲，死人的事是经常发生的。但是我们想到人民的利益，想到大多数人民的痛苦，我们为人民而死，就是死得其所。"我们的党来自人民，扎根于民众之中，始终坚持群众观点、走群众路线，所以无论在何种情况下，总能组织、凝聚起人民群众的磅礴伟力，战胜一切艰难险阻。到今天，中国共产党人继续传承红色基因，发扬革命传统，秉持人民至上、以人民为中心的"民本"理念，继续带领人民团结奋斗，建设美好生活。

人民对幸福的追求无止境，所以党为人民谋福的道路也没有终点。中国共产党始终坚持立党为公、执政为民，始终将人民群众利益放在首位，始终保持着与人民群众的血肉联系，坚守着全心全意为人民谋幸福的初心使命。一代又一代的中国共产党人，为了中国人民的解放事业和幸福生活，前赴后继，忘我献身。

共产党人秉持为民谋福的初心，坚持艰苦奋斗、舍生忘我。许多革命先辈坚定信念，放弃了优裕生活和丰厚家产，义无反顾地为广大人民谋求翻身解放，奔向民族解放的最前线，为人民开创光明幸福的新生活。在社会主义建设时期，焦裕禄、雷锋、王进喜、杨善洲、谷文昌、廖俊波等无数忠诚的共产党员和英雄模范人物，同样为我们作出了榜样。这些共产党人的共同点是对马克思主义的坚定信仰，为了大我而牺牲小我，为了最广大人民的幸福而牺牲个人的幸福甚至生命。他们是共产主义伟大事业的忠实践行者。

共产党人秉持为民谋福的初心，把为全人类谋幸福作为个人职业、人生选择，以马克思为学习榜样和精神坐标，脚踏实地、无怨无悔地为人民谋幸福。进入新时代，中国共产党人笃行一切为了人民的发展理念，把为民谋福作为自己工作的出发点。坚持把为中国人民谋幸福作为最大的政治追求，坚持人民至上，始终牵挂着人民的诉求，在行动中落实为民谋福的目标，履行实现共同富裕的政治承诺。

我国现代化事业突飞猛进，蓬勃发展，已经成为世界第二大经济体；社会长期保持稳定，财富日益增长，人民的幸福指数节节攀升。随着中国特色社会主义事业进入新时代，我们党与时俱进地调整了国家战略重点和战略目标，着力推动高质量发展，在政治、经济、文化、社会和生态等各个方面，实现人和社会的整体发展和进步。

第三节　中国共产党为民造福的基本方略

为民造福，满足人民对幸福生活的追求，始终是中国共产党孜孜以求的奋斗目标，也是新时代中国特色社会主义建设的内在要求。中国共产党成立一百多年的历史，就是一部全心全意为人民造福的历史。中国共产党之所以能够为民造福，不仅体现在对宗旨意识和初心使命的坚守上，也体现在善于掌握科学方法，制定正确方略，坚持明确的目标导向，通过建构务实高效的平台，逐步实现为民造福的宏伟目标。

一、突出目标导向

（一）坚持以人民为中心

为民造福目标在人民，所以必须坚持以人民为中心，把人民对美好生活的向往作为党永恒的奋斗目标。为民造福具有丰富的内涵，其核心在于提高人民生活质量，也就是增进人民福祉，这是为民造福的落脚点。

为民造福要集中在提升百姓的获得感、幸福感上，所有造福措施都要落实到保障和改善民生上来。增进民生福祉是我们发展经济的根本目的，让人民过上好日子是我们工作的目标。为民造福要突出以人民为中心的理念，要着眼于满足人民日益增长的美好生活需要，坚持在发展中保障和改善民生，把物质财富的积累作为人的全面发展、全体人民共同富裕的基础条件。要针对人民群众关心的问题精准施策，加大对教育、就业、收入分配、医疗、社会保障等民生领域的改革发展力度，不断解决新问题，又不断开辟新途径。

以提高人民生活质量为核心推进各项工作。人民生活包括经济生活、政治生活、精神文化生活、社会保障、社会安全和劳动生活环境等。高质量的经济生活，要求在社会人均收入提高的同时，保持相对的均衡，各阶层收入水平和消费水平不应有过大的差距，以体现社会经济平等；高质量的政治生活，应当是公民享有平等的参政议政权利，实现人权平等，社会民主权利和自由程度提高，法律制度完善；高质量的精神文化生活，表现为人们享有丰富多彩又健康有益的精神生活；高质量的社会保障、社会安全，应当表现为社保供给提高，适龄人员充分就业，刑事案件发生率及离婚率降低；高质量的劳动生活环境，表现为乡村振兴，提高农民文化素质，建设美丽乡村，提高城市的绿化面积和环保水平，优化城乡的生态环境。

提高收入分配，增进人民福祉。高质量收入分配的目标在于实现收入分配合理、社会公平正义、全体人民共同富裕；营造公平合理的竞争环境，维护劳动收入的主体地位，为收入二次分配提供物质基础。坚持以按劳分配为主体、多种分配方式并存的收入分配制度，完善以税收、社会保障、转移支付为手段的二次分配机制，提高公共资源配置效率，缩小城乡、区域、行业及阶层收入分配的差距，规范收入分配秩序。同时，要推动合理的初次分配和公平的再分配，促进居民收入持续增长，注意调节解决财富差距过大问题，形成高收入有调节、中等收入有提升、低收入有保障的格局。

（二）坚持以发展为第一要务

习近平总书记深刻总结我国改革开放的宝贵经验，着眼新时代发展面临的新形势新任务新挑战，强调"必须坚持以发展为第一要务""牢牢扭住经济建设这个中心"，对推动高质量发展作出战略部署，为推动新时代改革开放指明了方向。

贫穷不是社会主义，发展才是硬道理。跨过千山万水，经历艰难险阻，我们对这一朴素的真理有了更深体会。当我国成为世界第二大经济体，亿万人民摆脱贫困、过上越来越好的日子的时候，我们不会忘记，中国之所以创造出惊天动地的发展奇迹，其根本原因就在于我们党始终坚持以经济建设为中心不动摇，始终坚持解放和发展社会生产力的方针。这是改革开放 40 多年历程的深刻启示。

在进入新时代以前，中国社会的主要矛盾是人民日益增长的物质文化需要和落后生产力之间的矛盾；进入新时代以后，我国社会主要矛盾已经发生了变化，变为人民日益增长的美好生活需要和不平衡不充分的发展之间的矛盾。因为社会发展的不平衡不充分，会阻碍全体人民公平公正地获得美好生活，所以要继续推动高质量发展，通过发展解决前进中的困难和问题。只有牢牢扭住经济建设这个中心，毫不动摇坚持发展是硬道理的战略思想，推动经济社会持续健康发展，才能为我们开创未来、造福于民奠定雄厚的物质基础。[1]

（三）维护安定团结局面

中国特色社会主义，承载着几代中国共产党人的理想，寄托着

---

1 新华社评论员 . 坚持以发展为第一要务——论学习贯彻习近平总书记在庆祝改革开放 40 周年大会重要讲话精神［N］. 新华社，2018-12-21.

无数仁人志士的期盼，凝聚着亿万人民的奋斗力量，是近代以来中国社会发展的必然选择。只有聚集全国各族人民的力量，才能完成这样宏伟的历史任务。中国的国情决定了实现现代化强国不是轻而易举的事情，是一项长期和艰巨的历史任务。历史的经验告诉我们，进行现代化建设必须有安定团结的政治局面。现代化建设也是一场深刻的社会革命，涉及政治、经济、科技、教育、文化、思想和法治等众多领域的改革，涉及许多方面的利益格局调整，要处理好许多矛盾和冲突。如果处理不好，有可能迟滞现代化进程，甚至会酿成乱子。

当前，我国改革开放和现代化建设总的形势很好，民族团结，社会安定，但也面临着许多新情况、新问题，不安定因素仍很多。对此我们决不能掉以轻心，要从改革、发展、稳定的大局出发，充分发挥政治优势，积极践行为民造福的初心使命，紧紧围绕经济建设这个中心，充分调动广大人民群众的积极性，树立主人翁的责任感和艰苦奋斗精神，努力实现共同富裕的目标。同时，要主动为群众排忧解难、扶贫帮困，维持安定团结的政治局面，为完成好各项任务创造良好的社会环境。

（四）提升国际地位

国家的实力是一个综合概念，既包括科技、经济、国防等"硬实力"即物质实力，还包括文化、教育、政治、法治、思想等精神能力即"软实力"。目前，国际竞争的实质是综合国力的竞争。各国竞争的优势不仅是劳动资源、原材料储备等传统经济因素，还包括人力资源的质量，核心是知识和人才的竞争。我们要在综合国力竞争中站稳脚跟，发展壮大，不仅要大大增强我们的硬实力，还要大大增强我们的软实力，发挥我们在文化、精神方面的能力和优势，保障在国际外交关系和斗争中掌握主动权，团结更多爱好和平、民主的国家，反对霸权主义，维护国家主权。中国共产党始终坚持为民造福的初心使命，有能力团结带领全国人民为建设自己的幸福生活，不断深化改革，提高综合国力，发展对外友好关系，不断提升我国的国际地位和影响力。

二、创新工作方式

（一）构建造福载体

为民造福的主体是人民群众，人民群众中蕴藏着巨大的劳动热情和创造能力。纵观我国社会主义建设的发展历程，来自广大基层干部群众的生产积极性和创造性，是我党践行为民造福使命的重要基础。

践行为民造福使命务求实效，力戒浮夸虚假和形式主义。要根据不同地区、部门和行业的情况，采取能吸引群众参与的形式，提出切实而有吸引力的目标，使具体的工作内容与扎实的劳动形式结合起来，不断充实内容，更新形式。要把开展践行为民造福活动同解决人民群众普遍关心的实际问题结合起来，同促进经济发展和社会进步结合起来，调动群众参与的热情与积极性。在城市中，要围绕建设优美环境、优良秩序、优质服务的目标，提高市民文化素质和城市文明程度，使市民在参与中受到教育，在实践中得到提高，塑造文明的行业形象、部门形象和单位形象。在村镇中，要以提高农民素质、促进经济发展和建设新农村为目标，倡导创建文明家庭、文明乡镇企业、文明村庄和文明集镇，夯实造福的基础。

（二）利用典型示范

我们党一贯重视学习和宣传各类先进典型，以此影响和带动广大群众。在各个时期，我们党培养和树立了大批先进典型，为实现党的历史任务发挥了巨大的示范作用，为广大干部群众提供了强大的精神力量。从"红船精神""井冈山精神""长征精神""延安精神""白求恩精神"，到"上甘岭精神""铁人精神""雷锋精神""焦裕禄精神""'两弹一星'精神"等等，都是时代精神的突出代表。

伟大的事业需要崇高的精神，崇高的精神推动着伟大的事业。在社会主义现代化建设中涌现出的许许多多先进集体、先进人物，是践行为民造福使命的光辉榜样。用先进典型的事迹教育群众，要比一般地讲大道理更具有代表性和感染力。人们从先进典型的感人事迹和优秀品质中受到鼓舞，汲取力量，因此先进典型的高尚情操成为全社会的共同精神财富。从 2002 年 10 月开始，中央电视台每年评选出"感动中国"的年度人物，在社会上激起强烈反响。在他们身上，我们看到了坚定的理想信念、强大的精神力量，我们要用这种时代精神武装全党和全国各族人民，把它作为实现中华民族伟大复兴的巨大精神动力。

（三）树立良好社会风尚

中国继承优秀传统文化，各地风俗习惯丰富多彩，蕴藏着宝贵的思想文化资源，是珍贵的精神财富。各民族的良风美俗对为民造福的践行具有启迪和激励作用。这些风俗习惯等积极的文化取向推动民众对人生、家庭、社会采取积极向上的态度，启发人们辨识善恶，激发爱憎分明的情感趋向。人们在不自觉中接受良风美俗的影响和教育，潜移默化地培养起见义勇为的激情，激发为民造福的信心。

社会风俗习惯中包含着生动深刻的家国情怀、福佑百姓的信念，是为民造福的教育素材，是取之不尽的精神资源。中华民族的爱国爱乡精神绵延不绝，世代传承，是民族凝聚力的生动表现。在各种节庆活动和日常风俗习惯中，福佑国家的内涵和象征意义十分丰富，如对先贤英烈的祭祀凭吊，寄托着人们对家国的深厚感情和对先贤的深切缅怀。这是对维护国家统一、抗击外来侵略英雄人物与高尚民族气节的崇敬与景仰，是对我国传统民族精神的弘扬和传承。

民间风俗习惯也是为民造福观念得以传承的重要载体。各族人民在长期的共同生产与生活中，形成各具特色的祈福迎祥的民俗文化活动。这些祈福、祝福的礼仪及风俗，也包含着丰富的道德教化内容，如劝导勤劳得福，歌颂勇敢精神，倡导乐善好施、守望相助，批判自私享乐、虚伪欺诈，赞扬诚实守信，提倡尊老爱幼、崇德敬贤，维护家庭人伦秩序，倡导文明礼貌、诚信友善等等。

民间风俗习惯有利于陶冶思想情操。民俗活动通过寓教于乐的形式，活跃群众文化生活，繁荣民间文艺活动，提高人的审美情趣，弘扬真善美，批判假恶丑现象。这些对形成文明和谐的社会氛围，创造幸福社会生活都会产生积极作用。

因此，继承和发扬中华民族的良风美俗，是社会主义文化建设的应有之义。要教育引导人们从民间祈福造福文化活动中发掘积极因素，汲取精神力量，继承优良传统，摒弃落后和陈腐的因素，推陈出新，择善而取。从民俗文化中汲取超越时代而具有普遍意义的精华，以充实为民造福文化传统的内容，使之代代传承并发扬光大。

第四节　中国共产党为民造福的重大成果

习近平总书记指出："时代是出卷人，我们是答卷人，人民是阅卷人。"中华人民共和国成立 70 多年来，中国共产党团结带领全国人民，在"一穷二白"的基础上进行社会主义经济建设，取得了举世震惊、令人刮目相看的伟大成就，创造了世所罕见的经济、政治、军事、科技发展的奇迹，向世人证明，中国人民不仅善于破坏一个旧世界，而且善于建设一个幸福美好的新世界。

一、建成强盛的新中国

1949 年中华人民共和国成立时，接收的是国民党残留下的凋敝衰败的烂摊子。据有关研究，1949 年中国经济总量占世界的比重不足 5%；国民总收入按当年汇率折合 239 亿美元，按 5.4 亿人口计算，人均 44.26 美元，是美国人均国民收入的 1/20、英国的 1/11、法国的 1/6。

中华人民共和国成立后，依靠党的领导、人民的努力奋斗和社会主义制度的优越性，在较短的时间内建立了独立的、比较完整的工业体系和国民经济体系。改革开放以来，我们党坚持以经济建设为中心，极大地解放和发展了社会生产力。自 2019 年以来，中国已经稳居世界第二大经济体，经济总量从 1952 年的 679 亿元增长到 2022 年的 121 万亿元，占世界经济的比重接近 18%；2022 年全国居民人均 GDP12741 美元，高于中等收入国家平均水平。

中国共产党带领人民坚持解放和发展社会生产力，探索符合中国国情的社会发展道路，推动我国新型工业化、信息化、城镇化和农业现代化同步发展，主动参与和推动经济全球化进程，发展更高层次的开放型经济，展现中国式现代化的威力和成就。我国经济实力和综合国力不断壮大。

二、人民生活脱贫奔小康

旧中国人民生活十分困顿，民不聊生，根本无幸福可言。中华人民共和国成立后，通过大力发展社会生产力，创造越来越多的物质财富和精神财富，逐步满足人民日益增长的美好生活需要。中国人民依靠自己的劳动创造幸福美好的生活，实现了从温饱不足到全面小康的历史性跨越。2022 年我国人均可支配收入达到 3.69 万元，比 1949 年增长 741.6 倍。中国人端稳了饭碗，1949 年我国粮食总产量仅有 2264 亿斤，2022 年则达到 13731 亿斤，已连续 8 年稳定在 1.3 万亿斤以上。中国用全球 9% 的耕地养活了世界近 20% 的人口，这是世界农业史上的奇迹。中国人吃不饱的时代已经一去不复返了。

经过 70 多年的建设和发展，我国医疗卫生事业取得了巨大成就。2022 年末，全国共有医疗卫生机构 103.3 万个，比 1949 年末增长 280.5 倍；卫生技术人员 1155 万人，增长 22.1 倍。医疗卫生和生活条件的改善让今天的中国人寿命大大延长，1949 年，中国的人均预期寿命只有 35 岁；2022 年，中国的人均预期寿命达到 77.93 岁，比 1949 年翻了一番还多，已接近发达国家水平。

中国创造了足以彪炳世界历史的减贫奇迹。根据世界银行发布的数据，全球每 100 人脱贫，就有 70 多人来自中国。按现行贫困标准计算，我国农村贫困人口由 1978 年的 7.7 亿减少到 2018 年的 1660 万，2020 年底，我国贫困人口全部脱贫。

三、交出造福优秀答卷

1949 年，国民党留给共产党的是一个基础工程建设落后、国民生活贫穷困苦的烂摊子。中华人民共和国成立 70 多年来，中国共产党领导人民进行社会主义建设，不仅让中国甩掉了"一穷二白"的帽子，而且建设起强大的物质技术基础；进而通过 40 余年改革开放，让亿万农民摆脱贫困，引导全体人民奔上小康道路。中国共产党为造福人民不断兴办各种举世瞩目的造福工程。

西气东输，保护环境，扫除雾霾，惠及超过 4 亿人口。南水北调，史无前例，建成后将解决 700 多万人长期饮用高氟水和苦咸水的问题。港珠澳跨海大桥建设技术创造六个"世界之最"，建成后极大地缩短了香港、珠海和澳门三地间的时空距离，推动粤港澳大湾区建设，使之成为更具活力的经济区。杭州湾跨海大桥全长 36 千米，是世界上最长的跨海大桥，建成后缩短了宁波、舟山与杭州湾北岸城市的距离，节约了运输时间，降低了交通运输成本。三峡大坝，世界第一，成为全世界最大的水力发电站和清洁能源生产基地。西藏"天路"建成，世界屋脊上巨龙奔驰，最难修的铁路实现了通车，促进西藏经济和社会的快速发展。袁隆平创育的杂交水稻大面积推广生产，为我国粮食增产发挥了重要作用，为解决世界粮食短缺问题作出了贡献。屠呦呦研究团队发现青蒿素，有效降低疟疾患者的死亡率，成为首位获得诺贝尔生理学或医学奖的中国人。全国高铁建成运行 3.8 万千米，占世界 60%，对中国工业化和城镇化的发展起到重要的促进作用。中国"天眼"，世界最大的望远镜，可观测的宇宙范围边界达到 137 亿光年，用于搜索宇宙中的无线电信号，其搜索能力让世界震惊。神舟飞船，载人航天，中国空间站的建设，实现了中华民族几千年飞天梦想。北斗卫星导航系统，是中国自行研制的全球卫星导航先进系统，促进全球通信系统的发展。其他造福于人民的创造发明和创新成就不胜枚举，中华民族不仅昂首挺立于世界民族之林，而且为世界贡献越来越多的中国智慧、中国方案和中国力量，得到全世界爱好和平人民的支持和赞誉。

四、屹立于世界民族之林

旧中国国力衰弱到了极点。弱国无外交，中国虽然是两次世界大战的战胜国，但在国际上仍然毫无发言权。中华人民共和国成立后，结束了半殖民地半封建社会的屈辱历史，中国人民翻身做了主人，走上了民族独立自主的道路。在中华人民共和国成立前夕，毛泽东同志充满激情地指出："中国人民将会看见，中国的命运一经操在人民自己的手里，中国就将如太阳升起在东方那样，以自己的辉煌的光焰普照大地，迅速地荡涤反动政府留下来的污泥浊水，治好战争的创伤，建设起一个崭新的强盛的名副其实的人民共和国。"

中国人民在中国共产党的坚强领导下，粉碎了西方国家对社会主义中国的政治、经济封锁，引领中国稳步走上中华民族伟大复兴的道路。今天，中国以更加开放的姿态迎接经济全球化，以更加包容的自信倡议"一带一路"建设，深入参与全球治理体系变革，积极推动构建人类命运共同体。中国屹立于世界的东方，真正实现了毛主席预言的"崭新的强盛的名副其实的人民共和国"。

今日中国是世界工业大国，拥有 41 个工业大类、207 个中类、666 个小类，成为全世界唯一拥有联合国产业分类中全部工业门类的国家。[1] 联合国数据显示，2022 年中国制造业增加值达 4.98 万亿美元，占世界比重的 29.47%，比第二位的美国多出 2 万多亿美元。目前，中国主要工业产品产量位居世界第一，在全球产业链中占据不可或缺的地位。

今日中国是世界贸易体系的重要力量。2022 年，我国货物进出口总额达 6.3 万亿美元，连续 6 年保持货物贸易第一大国地位。我国出境旅游人数自 2013 年起跃居世界第一位，成为全球最大的出境游市场。中国坚定支持和捍卫自由贸易，不断引领和促进全球贸易发展，彰显了社会主义大国的自信和担当。

今日中国是吸引外资和对外投资的重要力量。2022 年，我国实际使用外商直接投资达 1891 亿美元，居世界第二位。在积极"引进来"的同时，我国不断加大"走出去"的步伐。2022 年我国对外直

1　王政 . 我国已成为全世界唯一拥有全部工业门类的国家 ［N］. 人民日报，2019-9-21.

接投资额达到 1465 亿美元，居世界第二位，中国已成为世界重要的对外投资国。

党的二十大报告指出，十年来，我们实行更加积极主动的开放战略，共建"一带一路"成为深受欢迎的国际公共产品和国际合作平台，我国成为 140 多个国家和地区的主要贸易伙伴，货物贸易总额居世界第一，吸引外资和对外投资居世界前列，形成更大范围、更宽领域、更深层次对外开放格局。进入新时代，我国人民币跨境使用大幅增长，人民币加入国际货币基金组织特别提款权（SDR）货币篮子，已成为全球第五大支付货币。中国正成为影响全球投资与金融的重要国家。[1]

今日中国还是世界主要的对外援助国。发展起来的中国，坚持不附带任何政治条件向经济困难的其他发展中国家提供力所能及的帮助。100 多年来，中国共产党始终坚持胸怀天下，既为人民谋幸福、为民族谋复兴，也为人类谋进步、为世界谋大同。

中国对外援助历经 70 余年风雨，已向 160 多个发展中国家提供数千个成套和物资援助项目，开展上万个技术合作和人力资源开发合作项目，培训各类人员 40 多万人次。从坦赞铁路到喀喇昆仑公路。从杂交水稻到菌草，从青蒿素到新冠疫苗，中国援助不仅有力推动全球发展车轮滚滚向前，也生动诠释了大党大国的担当。

中国援建的大批公路、铁路、港口、通信等项目，推动受援国发展能力提升，激发了其对华贸易增长，带动了大量中国企业、品牌、产品、技术"走出去""扎下根"，国际市场得到拓展，产供链更加强韧。中国援助带动数倍社会融资投入，助力柬埔寨金港高速公路建设。中国帮助建设的中老铁路迄今已发送货物 500 余万吨，其中跨境货物 80 余万吨，中国已有 30 个省区市开行跨境货运列车，货物涵盖 2000 余种商品。万象至昆明运输成本下降 40%~50%，为区域物流保通发挥特殊作用。[2]

1　巨力.从三个历史节点看中国经济发展奇迹［J］.求是，2019（20）：34—41.

2　国合平.中国对外援助展现大党大国担当［N］.人民日报，2022-8-18.

今日中国是构建人类命运共同体的重要力量。进入新时代，中国对发展前景更加自信，在发展好自身的同时在更高水平上扩大对外开放，积极倡议推动构建人类命运共同体；积极推动全球化进程与多边合作，参与并推动南南合作、金砖国家合作和二十国集团合作；积极倡议推动共建"一带一路"，目前已与100多个国家和国际组织签署共建"一带一路"合作协议；积极参与以WTO改革为代表的国际经贸规则制定，在全球治理体系变革中不断贡献中国力量和中国智慧。

中华民族从站起来、富起来到强起来的伟大历史飞跃，从封闭半封闭走向开放，国际地位不断提高，国际影响力不断扩大，正在为人类的发展贡献越来越大的力量。中国从"一穷二白"的国家，发展为具有重要国际地位和国际影响力的大国，对全球经济特别是发展中国家经济的带动作用越来越大，深刻地改变了世界经济发展版图和世界发展格局。世界见证了中国在全球发展坐标的位移，中国需要世界，世界也需要中国。中国从1949年的历史低点奋起，到今天出现的强国新貌，斗转星移，真正是换了人间！

为了更好满足人民对幸福美好生活的新期盼，以习近平同志为核心的党中央提出，必须根据新形势新要求，坚持创新、协调、绿色、开放、共享的新发展理念，推动中国经济由快速增长转向高质量发展阶段，努力实现更高质量、更有效率、更加公平、更可持续的发展，并使发展成果最大限度地惠及全体人民。

党的二十大报告指出："中国共产党是为中国人民谋幸福、为中华民族谋复兴的党，也是为人类谋进步、为世界谋大同的党。"当今世界正经历深刻而复杂的变化，各国之间从未像今天这样命运与共、休戚相关。中国共产党正与各国政党一道，探索建立求同存异、相互尊重、互学互鉴的新型政党关系，加强治国理政经验交流，促进各个领域务实合作，更好地造福各国人民，为构建人类命运共同体贡献力量。

第五节　树立新时代幸福观

幸福观是人们对幸福的见解与所持立场，属于人生观范畴。人类对灾祸与痛苦避之唯恐不及，而对幸福孜孜以求，换言之，幸福是人类社会永恒的主题。古今中外的前圣先贤对幸福观等问题进行过深入探讨，提出了各种各样的幸福观和理论，但受各种主客观因素的局限，有的被历史表象所蒙蔽，陷入唯心主义泥潭。马克思和恩格斯认为，人类幸福的源头在于欲望及其满足。因此历史唯物主义的幸福观认为：幸福是构建于人们的欲望及其满足基础上的满意生活状况及其体会与感受。

一、根本在于追求现实幸福

中国共产党人的幸福观是现实的，而非虚无缥缈的。党的十八大以来，以习近平同志为核心的党中央，从马克思主义幸福观的本质出发，把实现人民现实幸福作为目标，把持续地提升人民的获得感、幸福感作为工作的出发点，以人民满意与否、高兴与否和答应与否作为为民谋福的检验标准，竭力为人民创造更为美好的生活。

马克思主义者的幸福观强调人民在建设幸福生活中的重要作用。以习近平同志为核心的党中央在治国理政的实践中，始终坚持为人民谋幸福的主导思想，一再申言检验党和国家所有事业成功与否的标准为：人民是否真正得到了实惠，人民生活是否真正得到了改善，人民权益是否真正得到了保障。

当前中国正处于社会大发展时期，也是世界大变局时期，人民对美好生活的诉求也随之发生变化。

就物质需求而言，随着我国经济的高速发展，人民在低层次的物质需求基本得到满足后，逐步上升为对中端、高端产品和服务的需求。就精神文化需求而言，随着我国社会主义精神文明建设的进步和文化产业的发展，人民的精神文化生活日益丰盈充实。就政治生活（民主法治）需要而言，随着我国协商民主制度的发展和完善，人民民主不断进步，参政、议政和问政等政治生活日益规范。就安全保障而言，随着科技进步和军事实力的增强，国家对政治安全、军事安全、反恐安全、生物安全和信息安全等风险严密管控，人民的基本安全得到保障。就社会生活需求而言，我国的公共服务体系日趋完善，民生保障更加有力，社会关系日益和谐。就生态环境而言，我国的生态状况不断好转，环境日益清洁美丽，人与自然的关系更加友善和谐，绿色发展道路越走越宽广。总之，全面满足人民群众对幸福生活的追求和期盼，是党的宗旨和目标，且都在努力实现中。

二、主体应为民众谋福

中国共产党人的幸福观是人民的幸福观。幸福观中的"幸福主体"问题就是幸福归属于谁、为了谁的幸福。马克思主义认为，人的本质是一切社会关系的总和，人在社会发展史中处于主体地位，人固然有自然属性，但更具备社会属性。马克思主义的幸福观认为：人民既是历史的主体，也是实现自身幸福的主体。要实现人民的幸福，首先要建立由无产阶级领导的社会主义制度，建立人民当家作主的新社会，并向共产主义社会过渡。在新社会中，人民能得到全面、自由的发展，获得真正的幸福。马克思主义幸福观认为：人民创造了历史也创造了幸福，幸福成果应该由人民共同分享。以习近平同志为核心的党中央一再强调：中国共产党的使命和奋斗目标就是让人民过上幸福生活。全体中国人民是幸福的主体，幸福由他们创造也应由他们享受，这是民本思想的基本要求和必然逻辑。

（一）幸福由人民创造

中华民族五千年历史，是人民群众通过勤奋劳动、艰苦奋斗而走向自由解放和持续发展的历史。全国各族人民用勤劳和智慧，创造了无数的物质财富和精神财富。

历史事实证明：人民是推动社会历史发展的动力，是幸福生活的创造者。党正是依靠人民的拥护和支持才成功赢得了新民主主义革命、社会主义革命、社会主义建设和改革开放的胜利，从而让人民切身体验到不断增长的幸福。

当前，我国正在向第二个百年奋斗目标前进，党和国家正进一步激发全体中国人民的主动性、积极性和创造性，让民众在物质和精神方面继续富足起来，整合全体人民的力量共同实现中华民族的伟大复兴。

（二）幸福应当属于人民

当前，我国人民生活在新时代，共同创造了伟大的业绩，理所当然地应有享有幸福生活的权利。

《淮南子·汜论训》云："治国有常，而利民为本。"党的十八大以来，以习近平同志为核心的党中央重视人民的主体地位，坚持人民立场，尊重人民的首创精神。为了建设具有中国特色的社会主义，党中央要求各级干部必须为民谋福，维护广大人民群众的合法权益。各级干部要把人民群众拥护与否、高兴与否作为检验工作成效的基本尺度，一心一意地为人民解决急事、难事、愁事和盼事，实实在在为人民谋福利。

2015 年中共十八届五中全会明确提出全民共享、共建的发展理念，要求把人民主体的思想融入经济、政治、文化、社会和生态等方面。2020 年党的十九届五中全会进一步明确，幸福应属于全体人民，强调要提升社会治理和建设水准，确保民生质量，促进共同富裕，推行健康中国战略，打造高质量的社保体系，创建既有活力又有秩序的现代化社会治理系统，以造福于人民。党的二十大强调："坚持以人民为中心的发展思想。维护人民根本利益，增进民生福祉，不断实现发展为了人民、发展依靠人民、发展成果由人民共享，让现代化建设成果更多更公平惠及全体人民。"

三、目标在于共享幸福

中国共产党人的幸福观是人民的幸福观，即为人民谋福、造福的幸福观。马克思主义认为，人的本质属性是社会属性，人需要自由的、全面的发展；还认为共产主义社会是自由的、全面发展者的联合体，它代替资本主义社会是历史的必然。党中央提出，全党既要坚定建设中国特色社会主义的共同理想，又要坚定实践共产主义的远大理想，努力为人民谋幸福，实现中国人民的幸福梦。

（一）中国人民的幸福梦是满足全体人民对幸福生活的追求

党的初心使命是为中国人民谋幸福，为中华民族谋复兴。党的宗旨是全心全意为人民服务，本质上就是全心全意为人民谋幸福。中国梦实质上就是中国人民的幸福梦。

中国进入全面小康社会后，人们对幸福生活的要求更高了，希望物质上富足，精神上充实，政治上清明，安全上平安，社会上和谐，生态上舒适，这就对党和政府在经济、文化、政治、安全、社会和生态方面的创新发展提出了更高的要求。党中央号召全体党员干部继续领导人民共同努力奋斗，与人民保持血肉联系，实现中华民族大家庭成员共同幸福生活的目标。

（二）幸福的最高理想是实现全体人民自由全面的发展

所谓自由，就是人类从必然王国进入自由王国，意志自由地改造世界；所谓全面，就是人民在德、智、体、美、劳各方面均得到发展。人类成为自然、社会和自身的主人，能自觉地劳动，并把劳动当成一种需要、幸福和乐趣。

人的自由全面发展是在长期的社会历史实践中积累而成的。人们在劳动实践中不断发展自己，逐渐提升自己的知识道德水平和各种能力，从而成就幸福的人生。党中央强调教育职能在于培养担当民族复兴大业的时代新人，从这一目标出发，布局教育战略，发展各项教育事业，为使人民能自主地走向幸福奠定基础。党中央重视发展人民的劳动素质、劳动能力，增加科技投入，发挥群众的创新能力，调动一切积极因素，共同建设人民幸福事业。

党和国家正逐步满足人民群众在物质、精神文化和社会生活等方面的需求，以人的自由全面发展为目标，努力为人的发展、成长开拓道路,把建设中国特色社会主义的共同理想和为人民谋幸福的伟大目标结合起来。

四、劳动奋斗实现幸福

中国共产党人的幸福观是劳动与奋斗的幸福观。马克思主义认为,创造幸福的基本途径是劳动。通过劳动,人类逐步走向自由全面的发展,获得幸福生活。应当把马克思主义幸福观和中国建设发展的具体实际结合起来。劳动是幸福的源泉,劳动是实现幸福的根本途径。

幸福通过劳动创造。共产党人认为,只有辛勤、诚实和创造性的劳动才能创造幸福。因此要求做到:一是全国人民通过自己的勤奋劳作获得各种物质财富和精神财富,无论在什么情况下,都要勤奋努力,不应该守株待兔、坐享其成。二是人民大众在劳动过程中必须遵守职业道德、劳动纪律和社会法律,才能保证劳动的效率和成果,利人利己,不断为社会贡献力量,为国家创造财富,为自己也为他人创造幸福。三是要创造性地劳动。创新是国家和民族发展的动力,是社会永葆活力的根源。创造性的劳动更能提升劳动效率和劳动质量,更能为人民提供大量高品质的幸福成果。

马克思主义认为,劳动具有价值,因为劳动能让人实现自我并获得个人幸福,劳动过程能让人获得幸福感和充实感。中国人所谓的奋斗就是中国人民的劳动和创造。中国梦不可能靠轻松地吹吹打打来实现,而是需要持续地艰苦奋斗。要幸福就要去奋斗,中华人民共和国之所以获得民族独立、人民解放,并向着国家富强、人民幸福的道路迈进,就是靠一代代志士仁人不怕牺牲、埋头苦干取得的。中国人民实现幸福梦,同样需要一代代中国人持续地努力奋斗。

奋斗者是精神上富足的人,也是真正懂得幸福和享受幸福的人。在奋斗的过程中,不但能创造物质财富,还能得到精神享受,不断收获愉悦感和成就感。这种精神上的幸福和享受是物质馈赠所无法替代的。

实现中国梦之路充满了艰难曲折，需要一代代中国人长期不懈地艰苦奋斗。当今时代属于有志气、肯奋斗的青年人，青年们要树立远大志向，培养高尚品德，掌握丰富知识，学习高超技能，抓住时代赋予的机遇，顺势而行，奋发有为，投身于社会主义现代化建设大潮，让自己获得幸福，也为人民谋取幸福。

第七章
福文化的当代价值

福文化是中华民族固有的特色文化，它发生在中华民族迈入文明门槛之初，是我国传统文化的重要源头。它经历了长期发展，广泛地涵盖了人们社会生活的各个方面。福文化在当代不但仍有强大的生命力，而且因其积极进步的内容引领人们提高思想道德修养，净化社会风气，推动社会意识形态的发展进步。因此在新时代，深入研究福文化，传承和弘扬福文化，仍然是十分必要而有意义的工作。它对于我国社会主义现代化强国的建设与和谐社会的构建，都将发挥积极作用，对于推动中华优秀传统文化的创造性转化和创新性发展，也将发挥极为重要的思想引导和社会实践作用。福文化在当代的思想价值、理论价值和实践价值是显而易见的。

第一节　劳动创造幸福

劳动是人类的基本生活方式，也是推动人类社会进步的根本力量，是人类进步的阶梯，又是个人成长的基础。没有劳动，人类社会的一切都无从谈起。归根结底是人类的劳动创造了自己的幸福生活。我们勤劳、勇敢而智慧的中华民族，之所以拥有今天这样举世瞩目的辉煌成就与和谐幸福的现实生活，正是因为通过奋斗实践了马克思主义劳动创造世界、劳动创造幸福的伟大理论，因此我们真正体会到劳动是一切财富的源泉，劳动创造幸福生活。

一、劳动创造是中华民族的优良传统

（一）传统文化赞美劳动

什么是真正的幸福？自古以来就有许多论述：有人说幸福表现为对美好生活的向往和实现，如对美好生活的表述，不同的人、不同的人群、不同阶层的人都有许多不同的论述。归纳起来，大多表

◎ 吴作人书"天道酬勤"

述为对美好现实生活的向往和实现，或对理想憧憬的实现，或是精神生活的愉悦，或是个人期望的满足。古人有"春种一粒粟，秋收万颗子"的快乐，有"养怡之福，可得永年。幸甚至哉，歌以咏志"的愉悦，有"衣带渐宽终不悔，为伊消得人憔悴"的执着追求，有"安得广厦千万间，大庇天下寒士俱欢颜"的宽阔胸怀，有"先天下之忧而忧，后天下之乐而乐"的忘我豪情，也有宁可牺牲自己而"为天下人谋永福"的深情期许。这些充满家国情怀的人生价值观和幸福观，受到人民大众的高度赞许，因而留下美名。当然也有为追求个人眼前幸福而不惜牺牲大众长远利益的幸福观。战国时代，杨朱主张"贵生""重己"，"拔一毛利天下而不为"；墨子相反，主张"兼相爱""交相利"，宁愿"摩顶放踵利天下，为之"。两种人生观水火不相容，其价值观幸福观自然也不一样。

《左传》曰："民生在勤，勤则不匮。"东汉张衡《应闲》诗云："人生在勤，不索何获。"人们的生计在于勤劳，勤劳就不会缺衣少食。《左传》又曰："俭，德之共也；侈，恶之大也。"说明勤劳、节俭是对人的共同的道德要求。荀子《天论》中有"强本而节用，则天不能贫"之语，强调努力生产、勤劳耕作和节约用度的重要性。

◎（清）陈宝琛书"勤能补拙"

《墨子·非命》指出："必使饥者得食，寒者得衣，劳者得息。"让劳动者衣食无忧、劳逸结合，这也是古人朴素的幸福思想。《尚书》有"天亦唯用勤毖我民"，说明上天也以勤劳劝诫百姓。可见自古以来智者都认为生产劳动观是人生幸福观的基础，他们都强调劳动的重要性。

中国古典文学中有诸多歌颂"劳动"生活快乐的诗句。例如《诗经》有"十亩之间兮，桑者闲闲兮"（《魏风·十亩之间》），吟唱劳动者的安适畅快和怡然自得。唐诗有"鹅湖山下稻粱肥，豚栅鸡栖半掩扉"（王驾《社日》），描绘农业劳动造就美好生活的图景。陶渊明《归园田居》诗云："种豆南山下，草盛豆苗稀。晨兴理荒秽，戴月荷锄归。道狭草木长，夕露沾我衣。衣沾不足惜，但使愿无违。"诗人以诗意描绘自己辛勤劳动、创造适意生活的场景。曾国藩在《挺经》文中指出："勤俭自持，习劳习苦，可以处乐，可以处约，此君子也。"他劝勉人们应把勤俭勤劳作为生活的一部分，从劳动中体验人生快乐，成就君子人格。"业精于勤，荒于嬉"（唐韩愈《进学解》），"三更灯火五更鸡，正是男儿读书时"（唐颜真卿《劝学》），都在于激励读书人勤奋学习，精于所习课业。

中国历来就有勤劳创造的传统，一些神话传说表明了这点。比如，有因从事农业生产成效出色而被尧封赏土地的后稷，有因珍惜时间而追逐太阳的夸父，有为让人类得到光明和熟食而发明钻木敲石取火的燧人氏，有为治理洪水而栉风沐雨以致"胫无跋，腿无毛"的大禹。这些虽是神话，其实质都在勉励人们要勤劳勇敢、自强不息，一切幸福的实现都来自辛勤劳作和长久付出。

从古至今中华民族都崇尚劳动，歌颂劳动，以劳动为美，以劳动为荣。我们的祖先就是凭借辛勤劳动创造了辉煌的历史，留给我们无数物质财富，也给我们留下取之不尽、用之不竭的宝贵精神遗产。[1]

（二）传统的劳动造福思想

我国传统文化中蕴含着诸多"劳动造福"的箴言，需要认真总结，并加以继承。

劳动是衣食之源。墨子教育弟子说："故圣人作，诲男耕稼树艺，以为民食"，"食者，国之宝也"，"民无食则不可事。故食不可不务也。"（《墨子·辞过》）墨子强调粮食是国民之宝，但必经劳动获得，故人必须勤于农务。明代学者吕坤说："一年不务农桑，一年忍饥受冻。"（《吕坤全集·续小儿语》）告诫人们要时时勤于耕织，以免挨饿受冻。清初学者张履祥提出："治生以稼穑为先，舍稼穑无可为治生者。"（《训子语》）他们都肯定农业劳动的基本价值。清代名臣曾国藩更将劳动谋生观点加以发挥，称："卫身莫大于谋食。农工商，劳力以求食者也；士劳心以求食者也。"（《曾国藩家书·劝学篇》）说明社会分工发展，劳动已不限于农业，还应包括工商业者及劳心者。不劳动者不得食是社会主义社会分配个人消费品的一项原则。在社会主义制度下，一切有劳动能力的社会成员都必须参加劳动，凭劳动获得个人消费资料，它产生的基础是生产资料公有制。

劳动培养人的体魄。劳动可以培养人的优良品德和健康体质。春秋时期，鲁君夫人敬姜教育儿子说："夫民劳则思，思则善心生；逸则淫，淫则忘善，忘善则恶心生。"（《国语·鲁语》）指明劳动可以培养善心，否则便会忘善而生恶心。明末学者颜元认为："养身莫善于习动，夙兴夜寐，振起精神，寻事去作，行之有常，并不困疲，日益精壮。"（《言行录》）意谓劳动可以养身健体，振作精神。清代学者汪辉祖批评"幼小不宜劳动"的观点，指出："欲望子弟大成，当先令其习劳。"（《双节堂庸训》）他还举例说明，古来成功的将相，

---

1 肖遥. 勤劳是中华民族的传统美德［N］.中国纪检监察报，2020–4–30.

◎ 丰子恺《从小爱劳动》

没有一个是怯弱不耐劳苦的人。明朝仁孝文皇后徐氏在《内训》中说："农勤于耕，士勤于学，女勤于工。"并指出，勤则家"兴"人"通"，惰则家"衰"人"穷"。他们都强调劳动与个人成长、事业成功密切相关。劳动对人而言，可以锻炼能力、磨砺意志、强化自强意识，是个人走上为社会建功立业之路的先决条件。[1]

二、幸福源于勤劳

经过数千年的劳动与奋斗，我们民族在劳动中铸就了许多优良品格，如热爱劳动、勤俭节约、诚实守正、爱国敬业、尊重知识、爱护人才、鼓励创造，培育出讲正气、作奉献的良好社会风尚。我们应当继承传统美德，用辛勤劳动与智慧创造实现幸福美好生活。

"劳动创造幸福"是千古不变的真理，建设中国特色社会主义同样应当强调。中国特色社会主义植根于中国大地，反映的是中国人民的意愿和追求。当代中国所取得的巨大进步与人民获得的幸福生活，都离不开中国特色社会主义理论的指引，也离不开亿万人民辛勤的劳动创造。

生产劳动要体现创新精神。创新本质上是劳动实践的深化和

---

1 陆信礼.劳动教育应汲取传统智慧［N］.中国教育报，2019-4-25.

生产方式的革新。随着科技革命和产业变革的深入发展，劳动形态和内涵出现新变化，必将大大提高劳动生产率。要把创新作为生产发展的引擎和推动力，强化诚实合法劳动意识，培养科学精神，提高创造性劳动能力，引导人们在创造性劳动中实现科技发展和产业提升。为此劳动者必须有爱岗敬业精神，对工作精益求精，不但力求成为行家里手，而且努力用工匠精神要求自己，争当"大国工匠"。

劳动创造始终不忘艰苦奋斗。生产劳动是辛苦的，创造革新更是艰巨，需要付出大量体力和智慧。当今世界正经历百年未有之大变局，社会主义建设面临着错综复杂的国际形势和艰巨繁重的发展任务，我们必须应对前进道路上的各种艰难险阻。

三、创新提升幸福

中华民族以勤劳著称于世，更有劳动中智慧创造的典型，如燧人氏钻木取火，为世人带来光明、温暖、安全。大禹疏浚九河，导流入海更是水利工程的惊世壮举。凡此皆证明中华民族有着非凡的勤劳勇毅和智慧创造的传统。

幸福的基础是勤劳，更高层次的幸福在于不断地创造和出新。创新的劳动是当今社会对劳动者提出的更高要求，也是提升幸福的必要条件。众所周知，我国传统社会是"以农立国"，几千年间，无数农民和牧民分布在广袤的国土上，从事简单的农牧业生产劳动，其间虽有农耕技术的改进和农业生产工具的革新，但其科技创新的含量仍然不高。

中华人民共和国成立后，国家鼓励技术革新和技术革命，逐步实现了工业化的目标。改革开放以后，我国解放思想，打开国门，广泛吸收国外先进的生产知识和技术，促进劳动者和知识分子相结合，激发其无限的劳动积极性和科学创造力，从而迅速跨越机械化、自动化、电子化门槛，进入信息化的新时代。劳动生产率和产品质量极大提高，充分满足人民群众的各方面需要，他们的获得感和幸福感也迅速提升。

◎ 孙中山书"诚实"

四、诚实劳动创造实在的幸福

"一分耕耘，一分收获"，劳动才有报酬，所以幸福是劳动创造出来的，这是众所周知的道理。但对劳动而言，不仅要求有勤奋劳动的精神，而且还要有诚实劳动的态度，只有这样，才能创造真实有用的产品，奉献社会，让自己也得到回报、收获幸福。

（一）培养诚实劳动观念

诚实劳动是对青年一代的教育，也是对所有劳动者的基本要求，怕苦怕累，既不能吃苦，也不耐劳，谈不上诚实劳动，也做不了诚恳踏实的工作；好逸恶劳，想走捷径，必然不能踏实劳作，这就是"守株待兔""揠苗助长"寓言故事所嘲讽的懒汉与无知的形象。须知劳动是一切美德的基础，诚实劳动更是培养一切美德的不二法门。为此不但要培养青少年热爱劳动、辛勤劳动的精神，而且要培养他们诚实劳动、努力工作的态度。

（二）诚实劳动感受幸福

世上人凡有劳动（活动）能力的人都要自觉从事某种劳动，这是社会的需要，也是人生的需求，醉生梦死、不劳而获的人，只是行尸走肉。清代学者汪辉祖在批评"幼小不宜劳力"说法时指出："欲望子弟大成，当先令其习劳。"这是正确的观点、明智的态度。他在《双节堂庸训》中指出："士不好学，农不力田，便不成为士、农。欲尽

◎ 老英雄孟泰

人之本分，全在各人做法"，"故'人'是虚名，求践其名，非实做不可。"他主张各行业的人都要"实做"，就是倡导实在的劳动，这是不刊之论。[1]

正如马克思所说，在共产主义社会，人们再也不把劳动看成一种苦差事，而是当作生活的第一需要，是一种快乐、幸福和享受，就不会有投机取巧，也不会急功近利，而是实干巧干。要让人自觉认识到劳动创造幸福不仅是为了个人和家庭，更是为了社会和大众，由此产生劳动的光荣感和幸福感，激发劳动的积极性和创造性。在劳动中施展才华，在劳动中享受幸福。

（三）科学态度与"工匠精神"

中华人民共和国成立以后，劳动人民当家做了主人，党号召人们要以主人翁的态度为自己也为社会辛勤劳动，创造幸福的新生活。我国劳动人民激发出巨大的劳动热情，投入劳动中。随着社会进步和人民文化程度的提高，党号召人们要以科学的态度从事劳动，进行科学研究，精益求精地做好工作。在新时代更强调要以"工匠精神"做好工作，争当"大国工匠"。在我国的工业生产中，早就涌现出许多拔尖人才。从老英雄孟泰，到被毛主席赞誉为"青年的榜样"王崇伦；从伟大的共产主义战士雷锋，到"当代雷锋"郭明义；从"基

1　陆信礼. 劳动教育应汲取传统智慧［N］. 中国教育报，2019–4–25.

层管理者的榜样"邢贵彬，到被誉为"高铁焊接大师"的李万君；从全国知识型职工标兵李斌，到全国劳动模范、国家电网公司生产技能专家许启金……无不是"工匠精神"的实践者和传承者。

诚实劳动是劳动态度，也体现人的价值观。这是一种积极向上的价值观，表现出劳动者踏实勤勉的态度、热诚自觉的精神，体现了高尚的精神境界。诚实而卓有成效的劳动最光荣、最崇高，诚实的劳动者最幸福、最快乐。

第二节　谋求长远幸福

谋求幸福是个人、国家、社会共同的理想和追求，福文化的发端就在于先民的祈福禳灾心理，继而是王侯祈求国祚绵长、家族永传、个人万寿的祝祷，到了平民百姓则祈愿丰衣足食、长寿安宁、子孙繁衍。总之，各有所求，不离五福。各阶层人祈福目标皆从个人地位出发，提出不同的希冀，但有一点是共同的，就是寄望于长久的幸福生活，这是天下人的同理之心。但对于国家、民族而言，谋求的自然是长远而广大的幸福，正如著名学者于右任在为人撰联时称："计利应计天下利；求名当求万世名。"这就要求个人"风物长宜放眼量"，在追求幸福时应有家国情怀与历史眼光。

一、树立正确的"三观"

"三观"决定了个人对幸福的理解和道路选择。在革命战争年代，正如革命先烈李大钊所说："人生的目的，在发展自己的生命，可是也有为发展生命而必须牺牲生命的时候。因为平凡的发展，有时不如壮烈的牺牲足以延长生命的音响和光华。"瞿秋白也说："本来，生命只有一次，对于谁都是宝贵的。但是，假使他的生命溶化在大众的里面，假使他天天在为这世界干些什么，那么，他总在生长，虽然衰老病死仍旧是逃避不了，然而他的事业——大众的事业是不

◎ 版画《人民公仆焦裕禄》

死的，他会领略到'永久的青年'。"人民的事业是常青的，为人民的利益奋斗，无上光荣，也无比幸福；为人民的利益而死，死而永生。毛主席说过："为人民而死，就是死得其所。"在建设中国特色社会主义过程中，仍然存在各种不同的人生价值观和幸福观，如焦裕禄、孔繁森、廖俊波等党的优秀领导干部，鞠躬尽瘁，死而后已。他们用生命诠释了共产主义的人生观和幸福观，真正成为毛主席所说的"一个高尚的人，一个纯粹的人，一个有道德的人，一个脱离了低级趣味的人，一个有益于人民的人"。

相反也有一些人放弃理想，蔑视道德，贪赃枉法，祸国殃民，走上了不归途。正反两面的事实告诉我们，个人的幸福观决定于本人的人生价值观，人生在世首先应当找准生存发展的正确目标，谋求实现个人长远幸福的光明道路。

二、坚持劳动造福理念

树立正确的人生观和幸福观应当以马克思主义世界观作指导，马克思主义人生观也就是共产主义世界观，它以正确认识人类社会发展规律为基础，认为劳动创造世界，也创造了人本身，因此人要追求永久的幸福，就永远离不开劳动。劳动是人的基本生活状态，除非他失去了劳动能力。人的幸福基于劳动，永久的劳动伴随长远的幸福；不劳而获者没有长久的幸福，好逸恶劳者没有真正的幸福。为自己谋求现实的幸福，为后人谋求长远的幸福，都是以劳动为先决条件。一切有劳动能力的人，都要各尽所能地劳动，这不仅是获取报酬、享受幸福的条件，也是保持健康体魄、赢得精神愉悦所必须的。

三、秉持为民造福宗旨

"民唯邦本"，古圣贤早有遗训。习近平总书记更强调"江山就是人民，人民就是江山"。我们党的宗旨是全心全意为人民服务，为人民谋福利。百年来，我们党始终坚持为民谋福、为民造福的宗旨，坚定地站在人民立场，树立爱民情怀，牢记肩上责任，把以人民为中心的服务理念落实到各项工作中去，切实把造福人民作为恒定的目标。

履行为民造福就要发扬艰苦奋斗精神。中华人民共和国成立70多年来，党领导人民为建设社会主义事业进行了艰苦卓绝的斗争，一步一步地从胜利走向胜利，才有了今天繁荣富强、兴旺发达的局面。人民群众对幸福生活的追求，是不断增长的，我们党为民谋福、造福的脚步，一刻也不能停歇。何况当今的世界正处在百年未有之大变局中，面对各种挑战，更不能懈怠，必须继续用艰苦奋斗的精神教育党员、干部和群众，引导大家正确认识我国人口多、底子薄的国情，正确认识全面建设社会主义现代化国家是一项长期而艰巨的任务，牢固树立自力更生、艰苦奋斗、勤俭节约的信念。

为民造福，要有正确的义利观。马克思主义并不主张"义"和"利"的分裂和对立，也不一刀切地反对功利主义，因为人是生活在现实之中的，现实世界、物质世界是人类赖以生存和发展的基础；理想世界、精神世界是人生的动力源泉和价值取向。失去任何一个世界，都不能算是正确、完美的人生。我们主张每个人都应有他合理的物质利益，所反对的只是将个人利益置于社会和他人利益之上，唯利是图、损人利己的行为。我们倡导将理想和现实、精神与物质统一起来，将个人利益和集体利益、国家利益结合起来，把个人理想融入全体人民的共同理想之中，把个人的奋斗融入为社会主义现代化建设事业的奋斗之中。

四、建立和谐的人际关系

和谐社会需要和谐人际关系，和谐的人际关系是事业成功、家庭幸福的前提，也是社会稳定、民族兴旺、国家繁荣的必要条件。因此，谋求个人长远幸福，应当把坚持人格平等、倡导诚信友爱、协调利益关系、化解内部矛盾、促进人际和谐摆在重要位置。

（一）讲诚信

交友择朋要以信义为本。诚与信近义相连，做人要诚实无欺、守信用，这是立身之本，治心之本。孟子说："人天生存诚。"苏轼说："天不容伪。"曾国藩说："君子之道，莫大乎以忠诚为天下倡。"这些古训告诉我们，只有坦诚待人，讲求信义，才能得人心，才能赢得他人的支持与合作；反之，则会招人反感和蔑视，置自己于被动。

古人把"信"和"义"作为为人处世必须遵守的道德信条，提倡"言而有信"，"言必信，行必果"。孟子提出，如果"生"和"义"发生冲突，"二者不可得兼"，则应"舍生取义"。孔子甚至把"朋友信之"作为自己平生三大志愿之一。他还说："人而无信，不知其可也。"可见"信用"并不是个人生活小节，而是和人的道德、作风紧密联系的。在和谐的人际关系中，不守信用者无处容身，也不可能得到真正的友谊。

（二）"慎择友"

一是交朋友要"慎"。我国古代有识之士历来都主张结交朋友要有所选择，因为这对他的事业及品德修养都会产生一定影响。孔子说过："益者三友，损者三友。友直，友谅，友多闻，益矣；友便辟，友善柔，友便佞，损矣。"（《论语·季氏篇》）晋傅玄《太子少傅箴》言："故近朱者赤，近墨者黑。"孔子曰："与善人居，如入芝兰之室，

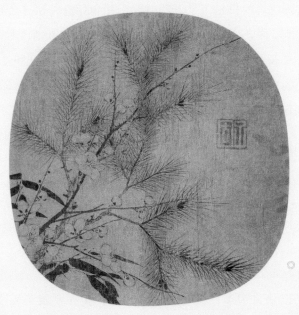

◎（宋）赵孟坚《岁寒三友图》，上海博物馆藏

久而不闻其香，即与之化矣。与不善人居，如入鲍鱼之肆，久而不闻其臭，亦与之化矣。"（《孔子家语·六本》）这就是说，与品德高尚、学识渊博的人交朋友，可以在德才两方面都得到友人的帮助，使自己的知识与品格都更加完美充实。而与品格低下、才疏学浅、夸夸其谈的人交朋友，则可能在精神品格上都受到"污染"，给自己带来坏的影响。

二是要善于交朋友。"善"是指在交朋友时，要善于区分不同类型的朋友。明代学者苏浚在《鸡鸣偶记》中，曾把朋友分为"畏友、密友、昵友、贼友"四类。他说："道义相砥，过失相规，畏友也；缓急可共，生死可托，密友也；甘言如饴，游戏征逐，昵友也；利则相攘，患则相倾，贼友也。"意思是说：在道义上互相砥砺，有了过错互相规劝，这是畏友；不论在平时还是在情况危急的时候，都可以很好相处，生死关头，也可以作为依靠，这是密友；甜言蜜语，说话好听，东游西逛形影不离，这是昵友；见利益互相争夺，遇到祸患互相倾轧，这是贼友。善于区分，知所选择，才能交上真正的好朋友。

（三）尊重人

尊重人是一种品格，也是智慧。尊重别人，可以分为三种境界：尊重亲人，尊重旁人，尊重对手。当我们可以做到尊重敌人的时候，我们其实已经没有了敌人，这才是真正的无敌。尊重领导是一种职责，尊重同事是一种本分，尊重下属是一种美德，尊重客户是一种常识，尊重对手是一种大度，尊重所有人是一种教养，可以说尊重的魅力无限。任何人都不可能尽善尽美，我们没有必要都以高山仰止的目光去仰视别人，也没有资格用不屑一顾的神情去伤害别人的自尊。假如自己还有些不足，也不必以自卑或嫉妒去代替应有的自尊。只有学会尊重别人，才能赢得别人的尊重。其实，尊重别人就是尊重自己。

◎（清）林则徐书"海纳百川"

尊重人、理解人、关心人是社会主义新型人际关系的一个重要表现，反映人民群众在我国社会中的主体地位。每个人都是社会的人，必须依靠集体才能生存和发展。每个人也只有做到尊重他人、理解他人、关心他人，才能得到他人的尊重和帮助，才能更好地立足于社会上。尊重人，就是要尊重他人的合法权利和主人翁地位，以诚待人，以理服人，以情感人，尊重他人的人权和人格尊严，鼓励他人发挥积极性和创造性；理解人，就是相信别人，善与人同，见贤思齐，学习别人的优点和长处，容忍与自己不同的意见；关心人，就是本着人道主义精神，真诚地爱护他人，关心他人疾苦，尽力帮助别人，为之分忧解难。关爱别人就是以仁慈为心，多了解别人，以助人为乐。有仁心的人，懂得关爱他人；有智慧的人，善于与人沟通。

◎ 徐悲鸿书"先天下之忧而忧，后天下之乐而乐"

（四）有同情心

同情心也是同理心，是与他人产生同样感受的情感，人乐亦乐、人忧亦忧；绝不损人利己、幸灾乐祸。同情心是人与人相处的融合剂，有同情心的人善解人意，慷慨助人，毫无私心，甚至作出自我牺牲。

要有包容他人之心。每个人都是社会的个体，都有着自己合法的权益。每个人都有权谋求自己的利益，发展自己的兴趣爱好，但不能损害他人的合法权益。"海纳百川，有容乃大"，要尊重他人的合理选择，理解他人的想法，关心他人的疾苦。人生处世的智慧之一，就是懂得宽容他人。各人由于立场观点不同，兴趣爱好不同，环境条件不同，常会出现思想、意见的分歧，应保持换位思考，关心体谅别人，这样可以减少误会和矛盾。古人说君子和而不同，"和"是从大局、目标出发；"不同"在于尊重各人的想法和主张。

宽容别人是一种涵养。有理性的人，善于倾听别人的意见，对于别人说错的话、做错的事，给予宽容，不会因别人的过失而幸灾乐祸或熟视无睹。晚清名臣左宗棠曾在江苏无锡梅园题联称："发上等愿，结中等缘，享下等福；择高处立，寻平处住，向宽处行。"如其所言，为人处世应当高瞻远瞩，稳重低调，宽怀包容，留有余地。人生在世，成大事者，必有度事之量，亦有容人之心。

（五）当奉献者

劳动者要当好"奉献者"，为此要严于律己，顶住诱惑，管住小节，经得起考验。坚持自重、自省、自律、自警，清白做人，永葆初心本色。共产党员要严格遵守党的政治纪律、组织纪律和廉政纪律，在自己的岗位上默默耕耘、扎实工作，幸福自会来敲门。要树立正确的价值观念，加强党性修养，把握政治方向，功劳不伸手，苦劳不计较，疲劳不抱怨，全心全意服务人民。要懂得在服务群众中收获幸福，在知足感恩中体会幸福，在默默工作中拥有幸福。

五、培育优良家风

家庭是社会的细胞，是连接个人和社会的重要纽带。家庭关系是一种特殊的社会关系，谋求家庭的长远幸福，就要正确处理家庭中的夫妻关系、父母关系和邻里关系。

（一）做到夫妻和睦

夫妻和睦，就是夫妻相互信任，相互尊重，真诚相待，共同承担责任，有福同享，有难同当。夫妻之间的关系是一种特殊的人际关系，它不同于血缘之亲。两个陌生人聚首，如何维系感情、培养亲情，这是需要双方都付出努力的事情。幸福家庭需要把握夫妻关系的三个度。

第一，要增强夫妻之间理解信任度。一是夫妻双方要主动增进彼此的理解和信任。理解人是信任人的前提，信任对方才会全身心地热爱对方，夫妻关系也是这样。只有双方真正理解和信任，爱情

◎ 明"琴瑟偕老"铜镜

◎ 清 "孝顺父母" 挂花

才能地久天长。

第二，要把握好夫妻之间的经济支配度。夫妻经济地位平等是家庭幸福美满的基本条件。在我们国家，男女在政治上是平等的，在经济上也是平等的，从而保证了人格上的平等。虽然收入有高有低，但夫妻地位并无高低之别。在家庭生活中，夫妻之间经济关系平等，就不存在依附关系。夫妻在社会生活中角色不同，所承担的任务也不同，他们在家庭生活中发挥的作用也不相同，不能把分工差别视作地位的不平等的依据。

第三，要提升夫妻之间生活的和谐度。和谐是幸福的前提，只有心心相印、处处和谐，婚姻生活才会水乳交融、美满幸福。要相互尊重和体贴，有共同的爱好追求，有相交而又独立的社交圈；要从内到外塑造良好的个人气质和行为。在对待子女的生活、学习和教育方面，要协调一致，作出榜样，树立良好家风，创造温馨、幸福的家庭氛围。

（二）做到尊老爱幼

尊老爱幼，就是孝敬父母，敬重长辈，关心他们的物质和精神生活，理解、尊重老人的意愿。精心抚育儿女，以平等、民主的态度对待孩子，鼓励他们自强自立，积极向上。反对虐待遗弃老人、儿童，也不可溺爱娇惯子女。

父母给孩子生命，养育孩子成长，是孩子一生的精神支柱，父母的养育之恩，是难以报答的。孟子曾说，唯孝顺父母，可以解忧。孔子《孝经·三才》有名言："夫孝，天之经也，地之义也，民之行也。"孔子还在《论语·里仁篇》说过："父母之年，不可不知也，一则以喜，一则以惧。"意思是，父母的年纪，不可以不知道，并且要常常记在心里，一方面为他们的长寿而高兴，另一方面又为他们日渐衰老而忧惧。古人说"树欲静而风不止，子欲养而亲不待"，人对无法侍奉父母饱含着永久的遗憾和愧疚，催人尽孝须趁早，赡养不能等。为人子女，当饮水思源，恪尽孝道。

我们要满怀感恩之心，自觉履行赡养父母的义务，做好生活照料和精神慰藉，要从日常生活细节做起。

（三）营造和睦邻里关系

邻里和睦，要做到以礼相待，互谅互让，互帮互助。

邻里是唇齿相依的关系。有家必有邻，古话说"金厝边，银乡里""远亲不如近邻"。邻里相依守望相助、和睦相处，一向为人所崇尚。邻里纠纷有时难免，出现时彼此应该多一分宽容，多一点谦让，以和为贵，"化干戈为玉帛"。

和睦邻里关系靠礼让。处理好邻里关系，必须讲究文明礼貌和谦让，当然礼让也是有原则的。处理邻里关系应当严于律己，宽以待人，不做损害他人利益的事，避免因小事而酿成大矛盾。邻里之间出现矛盾要协商解决。在处理邻里关系时，要有同理心，真心实意做到互助互爱，喜忧同担，守望相助，邻里有困难要主动帮助，伸以援手。

有人总结出"邻里相处十忌"：一忌恶语伤人，出手打人；二忌背后议论，猜疑嫉妒；三忌轻信纵容，偏袒子女；四忌见难不救，幸灾乐祸；五忌家庭噪声，妨碍他人；六忌不顾地界，栽树种植；七忌

◎ 丰子恺《邻里之间》

放养禽兽，妨碍卫生；八忌玩笑取乐，不讲分寸；九忌经济往来，账目不清；十忌得理不让，不听劝解。

总而言之，要养成与人为善、善与人同的态度，宽以待人，信任他人，取得他人的真诚对待，与人建立良好、互信的友谊。遇有误会要及时释疑解惑，邻里之间或社会交往中产生误会是常有的，一旦发生须冷静思考，主动说明，开诚布公解释，及时地交换意见，弄清真相，以求妥善解决。

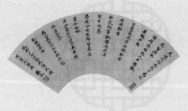

第八章
为全人类谋福祉的理论

中国人的福祉理论，其最高境界应如儒家所倡导的"天下为公""世界大同"。天下大同指的是世上所有人都生活在和平、幸福和充满友爱之中，这与共产主义理想是一致的，与我国所提出的"构建人类命运共同体"一样，是同心而一志。

要实现世界大同、人类和平共处，中国作为人口大国，自然应该率先垂范。中华人民共和国成立以来，经过长期善治善政，我们国家已经形成中华民族巩固、和谐的民族共同体。正是以此为基础，我们提出构建人类命运共同体。

全球化让世界上两百多个国家和地区融合成一个相互关联的命运共同体，全球的政治、安全、经济、文化和生态等问题互相纠结，难以截然分开。以习近平同志为核心的党中央，创造性地提出"人类命运共同体"的理念，作为处理国际关系问题总的指导思想，为全球治理和世界发展提供了中国智慧和中国方案。这也是继承和发展中华优秀传统文化的伟大构想。

第一节　思想渊源

构建人类命运共同体理念是人类智慧的结晶，也是指引全球社会发展的总体目标，具有前瞻性。其思想来源一是中国古代的"世界大同"思想；二是哲学语境下的"共同体"思想。"世界大同"是贯穿我国5000多年文明史的古老理念，本质上是倡导天下为公、"协和万邦"的世界观，这是中国人民对全人类社会发展趋势的智慧认识和思想贡献。古往今来关于"大同"的思想，都体现着人类对理想社会的追求，对幸福生活的向往。

一、"世界大同"理想的提出

《礼记·礼运篇》载："大道之行也,天下为公","是故谋闭而不兴,盗窃乱贼在, 而不作, 故外户而不闭, 是谓大同。"这是儒家思想认为的太平盛世和理想社会, 所以"世界大同"是先秦儒家首先提出的社会理想, 这是儒家积极入世的思想体现, 也是儒家淑世情怀的生动表露。"世界大同"思想被喻为中华民族古代的"社会主义"思想。

孔子在《礼记·礼运篇》中详细阐述了他的"大同社会"理想:

> 大道之行也, 天下为公, 选贤与能, 讲信修睦。故人不独亲其亲,不独子其子;使老有所终, 壮有所用,幼有所长, 矜、寡、孤、独、废疾者皆有所养;男有分, 女有归。货, 恶其弃于地也,不必藏于己;力, 恶其不出于身也, 不必为己。是故谋闭而不兴,盗窃乱贼而不作, 故外户而不闭, 是谓大同。

孔子所勾画的"世界大同"远景, 在汉代以后的传统社会里产生了巨大影响。许多学者纷纷进行阐述和演绎, 描述各自关于"世界大同"社会内容的理解。

其实诸子百家的理念与以孔子为代表的儒家的"世界大同"社会理想并不相同, 孔子描绘的社会前景是人民平等、幸福祥和的群体社会景象,男女各享其家庭幸福,社会由贤明者管理,"各尽所能",统一分配成果。尽管这一"愿景"本身还有缺陷, 但就其所涉及问题的广泛性和深刻性而言, 应该是进步的, 是前无古人的。

二、"世界大同"思想的演变

从春秋晚期到秦汉之际, 中国古代社会制度发生了剧烈变动,出现了各种各样的救世主张和理想社会的设计, 如农家的"并耕而食"理想, 道家的"小国寡民"构想, 儒家的"大同"理想。这三种理想是当时社会思想的主要代表。

农家的"并耕而食"理想, 包括人人劳动, 没有剥削;君主和平民并耕;自给自足农业和手工业产品之间实行等价交换, 没有商业欺诈。这实质上是小农经济生活的理想化。

道家的"小国寡民"理想，把人们分成许多互相隔绝的"小国"，人们都从事原始的农业生产，废弃文字，满足于简陋低下的生活，同外部世界断绝联系，"鸡犬之声相闻""老死不相往来"。这实际上是社会历史倒退的幻想。

儒家"大同"理想的核心观点是"天下为公""四海一家"，其出发点是"天人合一"的宇宙观、"协和万邦"的国际观、"和而不同"的社会观、"讲信修睦"的道德观等。儒家的"大同"理想，没有私有制和剥削现象，人人为社会劳动，老弱病残受到照顾，老人儿童由社会供养，由群众推选优秀管理者，没有特权和世袭，社会秩序安定，互相"讲信修睦"，没有战争和欺诈阴谋。这显然大大超越了农家、道家从个人、小家庭出发的幽居独处、不关世事的生活方式和社会理想。

上述三种类型的"大同"理想，对后世都有重要影响，尤其是儒家的大同理想，由于比农家、道家的理想更实际、更完满，也更美好，因而在中国思想史上有着更大的吸引力，产生了更深远的影响。

儒家大同理想是在《礼运》篇中提出，产生于秦汉之际或汉初。此后至清代第一次鸦片战争前，中国社会一直停留在封建主义阶段，没有形成新的生产力和新的阶级，因而沿袭着儒家大同类型的理想。第一次鸦片战争以后，中国社会逐渐由封建社会转变为半殖民地半封建社会。在社会剧烈变动的历史时期，新兴的社会力量从中国传统文化中吸收思想资源，将儒家的大同理想与西方传来的民主、自由、平等、博爱观念和空想社会主义思想相结合，形成他们自己的社会理想，如康有为和孙中山的两种大同理想。

康有为曾著《大同书》，提出"天下为公，无有阶级，一切平等"的"大同之世"理想。他设想在大同社会中生产资料公有，没有剥削，没有等级，全世界统一于一个"公政府"之下，没有战争，国界消灭；男女平等，家庭消灭。

孙中山规划的社会图景是：全国各族自由、平等、博爱，土地国有，私有制仍然存在，资本家和劳动者两个阶级继续存在，人们

◎ 孙中山楷书节录《礼记·礼运》

生活普遍改善；国家举办教育、文化、医疗保健等公共福利事业，供公民享用。

康有为和孙中山的大同理想基本上都还是对资本主义制度的理想化。康有为主张经过缓慢的改良而最终归于大同，因而被称为"资产阶级改良派"；孙中山要求在资产阶级民主革命阶段就实施大同理想，"举政治革命、社会革命毕其功于一役"，超越了社会发展的进程，也是难以实现的梦想。他们都没能超越自身的阶级局限性和思想局限性，只有中国共产党以马克思主义为指导，并且与中国社会实践相结合，吸取前人的思想智慧，大大推进了关于人类社会发展建设的理论。

三、"世界大同"思想的价值

中国传统文化内容丰富、底蕴深厚，其"世界大同"思想对人类命运共同体的构建，具有重要的启迪和借鉴作用。

（一）作为全人类的共同理想

中国传统文化中的大同思想虽有历史局限性，但是其中所体现的全人类不分贫富贵贱一视同仁的包容精神，充满自由、平等和博爱的崇高理念，体现了包容全人类的人文情怀和对社会发展趋势的热切期盼。"天下为公""世界大同"是千百年来中国人的远景规划

◎ 孙中山书"世界大同"

和奋斗理想，是中华优秀传统文化对构建人类命运共同体贡献的理想国蓝图，也可以说是命运共同体理念的滥觞，是全人类共同的思想财富，值得我们继承和弘扬。

（二）指导实现中国梦

大同思想中蕴含的平等、共享、和谐、民本等有价值的进步思想，不仅在古代社会产生过广泛的影响，对我们现在坚持和发展中国特色社会主义、实现中国梦也具有重要的启示意义和借鉴价值。大同思想所倡导的"天下为公"的价值共识、"公平正义"的治政理念、"讲信修睦"的道德原则，都是古人对传统思想智慧的概括和总结，表现古人对人类命运和社会前途的长远思考。这是极具思想智慧的憧憬，对于解决当今世界发展问题，对于我国建设和平幸福的现实社会，具有重要的参考价值和启示作用。

2018 年 4 月，国家主席习近平在欢迎联合国秘书长古特雷斯访华时指出："我们所做的一切都是为人民谋幸福，为民族谋复兴，为世界谋大同。"2019 年 11 月，他进一步强调："中华文明历来主张天下大同、协和万邦。希望大家共同努力，不断为推动建设开放型世界经济、构建人类命运共同体作出积极贡献。"

（三）引导构建和谐社会

"和谐"是中国传统文化的核心理念和基本精神，"大同社会"代表了中国古代和谐社会理想的最高境界。在儒家描述的"大同社会"中，人与人之间有着"讲信修睦"的和谐人际关系。人与人之间的关系表现为相互信任，相互关心，"不独亲其亲，不独子其子"。

◎ 《万国来朝图》，故宫博物院藏

这种人与人之间良好的社会关系，能够消除相互之间的隔阂和矛盾，将社会矛盾减少到最低甚至消除的程度，可以说这是一种非常理想化的社会状态。"大同社会"要求人人平等，不分高低贵贱，在权力和利益分配方面也是绝对平等，这在当时无疑具有重要的进步意义。"大同社会"中，百姓生活安居乐业，自得其所，每个人都可以享有社会的物质财富，每个人的生活都能得到社会的保障。这些观念都与我们现在提出的和谐社会思想有着相似或相通之处，对我们今天构建和谐社会、追求和平发展的世界体系都具有十分宝贵的价值。

（四）彰显中国"协和万邦"的国际形象

中国是举世闻名的文明古国，其对外关系历来奉行怀柔政策和睦邻友好、"协和万邦"的理念，始终坚持与各国和平共处、平等互助、合作共赢的原则。这是中国人民自古以来处理国家关系和民族关系的基本准则，也是我国建立对外关系的基石。

《尚书·尧典》赞扬尧帝："克明俊德，以亲九族。九族既睦，平章百姓。百姓昭明，协和万邦。"尧作为上古时代的领袖人物，塑造了中华优秀的文化传统，并随着这一元典的代代相传，影响至今日。如《尚书》所论，尧之伟大，乃是因其道德高尚：能弘扬"大德"，让家族和睦；在此基础上，协调"百姓"关系；在部族百姓调谐和睦的基础上，再进一步向外推展，达到协调万邦诸侯的目的，使各个邦国都能和谐共处，实现大同目标。在这里，中国传统儒家思想就是按照由小到大、由近及远、由内而外的逻辑施行治理。

四、"共同体"思想的历史发展

所谓"共同体"，是指社会中存在的、基于相同特征和共同目标而组成的团体或组织，既包括小规模的社区组织，也可指更高层次上的政治组织和民间团体，还可指国家和民族这一最高层次的集合体。

"共同体"思想源远流长，其概念最早出自古希腊的政治哲学思想中。柏拉图在《理想国》中描绘了一种符合善和正义的理性共同生活群体。亚里士多德的共同体思想集中体现在《政治学》中，主张人们基于"共同善"和"共同利益"而建立共同体，以"谋取优良的生活"，认为："所有共同体都是为了某种善建立的。"

在世界近代史上，"契约共同体"思想在许多思想家中有过不同的表述。英国政治家、哲学家霍布斯在《利维坦》中提出，通过订立"社会契约"来构建"共同体"的概念。德国社会学家滕尼斯提出，共同体是人的意志的有机结合，是把"相互之间的共同的、有约束力的思想信念作为一个共同体自己的意志"。德国哲学家马克斯·韦伯提出，"共同体化应该称之为一种社会关系"，是"建立在主观感觉到参加者们（情绪上或者传统上）的共同属性上"。

马克思对"共同体"思想也有过论述，指出人的本质是人的"真正的共同体"，"只有在共同体中，个人才能获得全面发展其才能的手段，也就是说，只有在共同体中才可能有个人自由"。马克思、恩格斯认为，"真正的共同体"不是乌托邦，而是人类历史发展的必然趋势，是基于生产力高度发展的物质基础之上人类社会的最高形态，是通过发展社会生产力创造出来的。

在中华历史文化中，也蕴涵着丰富的共同体意识和对理想社会秩序以及美好生活的憧憬。虽然"共同体"的概念不一定直接出自中国，但在古代中国许多思想家眼中，国家和世界就是一个休戚与共的共同体。《论语》中提到"四海之内皆兄弟也"，显示出中华民族拥有的天下情怀，这在儒家思想中表现得尤为突出。

中华人民共和国成立以后，中国共产党和中国政府提出的和平共处五项原则、"独立自主的和平外交政策"、"构建国际政治经济新秩序"、"和谐世界"等原则、政策和制度设想，充分表明中国人治国理政、社交处世的政治智慧和对未来的追求，鲜明展示当代中国人努力实现人类理想的崇高境界，充分体现中国人促进人类命运共同体建设的高度热情与妥善方案。

古往今来关于"共同体"的思想，虽然基于社会条件、文化背景、意识形态、阶级立场等的不同，存在着差异，但都体现着人类对理想社会的追寻，对幸福生活的向往，成为引导人类社会前进发展和文明进步的思想动力。

第二节　人类命运共同体理念的提出

"构建人类命运共同体"理念是习近平总书记针对新时代世界发展趋势所提出的新构想，这一开创性理念是在深刻总结国内外历史经验、准确把握人类社会发展规律基础上提出的，是应运而生的时代发展方案。

当今世界各国联系日益紧密，"地球村"内各国间的经济联系和利益关系也越来越密切。中国在改革开放后日益发展壮大，成长为世界第二大经济体，国际地位与日俱增。正是在这样的背景下，我国政府展现了大国担当，以天下为己任，提出建设"你中有我、我中有你"、休戚与共的人类命运共同体，旨在强调各国间协同合作、共同发展，对未来世界的发展建设提出了长远目标，事关全人类的命运和福祉，因而受到世界大多数国家的认同和欢迎。

一、提出背景

从国际上看，和平与发展是当今世界主题，全球化助推了人类社会的发展进程，但也带来一定的风险和挑战，主要涉及政治、安全、经济、社会、文化和生态等领域。

政治方面问题的特征是失序。表现在一些国家层出不穷的政变，各种局部战争和可能的世界大战风险存在，民族之间的矛盾和冲突，种族之间的矛盾和冲突，不同宗教信仰之间的矛盾和冲突，等等。

安全方面问题的特征是失信。全球化安全危机一部分是由自然因素（如天灾、疫情）导致的，另一部分则是由人为因素造成的，从目前看后者所占的比重越来越大，如恐怖主义、群体性偶发性暴力事件、疫情大暴发、生物安全事件、食品公共安全事件和信息安全事件等等。这些国际公共危机导致社会秩序脱序、失范，对人类生存状况造成严重威胁和消极后果，导致国际社会出现安全危机。

经济方面问题的特征是失衡。在经济全球化的大背景下，产生经济危机不局限于一国或若干国家，甚至拖累整个世界出现经济发展速度下滑、衰退或滞胀。这种危机常以金融危机的形式爆发，广泛波及各个国家、各个领域和各个产业。

文化方面问题的特征是失范。在全球化过程中，社会主流价值观念受到冲击，出现信仰危机，社会道德水准倒退甚至沦丧，各种落后、腐朽的思想意识泛滥。欧美等国家秉持西方中心主义、文化霸权主义，反对文化多元化，排斥、打击异质文明，不利于人类社会的进步和发展，给全球治理带来极大困扰。

生态方面问题的特征是失度。人类过度的经济生产开发，导致生态环境严重恶化，出现全球化生态危机，人类生存环境遭到严重威胁，如草原退化、沙漠化，大量水土流失，全球气温上升，极端气候频现，环境污染，等。

中国现代化事业高速发展，需要理想的国际国内环境，然而影响我国现代化建设的各种风险依然存在。如美欧等西方国家在战略上围堵遏制我国发展，打压我国在海外的生存空间，破坏我国国际形象；海外"一带一路"所在部分国家和地区，政局动荡不安；我国外企所在个别国家和地区恐怖主义活动猖獗，刑事犯罪活动和海盗活动猖獗，危及海外企业员工和游客人身安全。

2013 年 3 月，国家主席习近平在莫斯科国际关系学院发表演讲时首次提出人类命运共同体理念。他指出："这个世界，各国相互联系、相互依存的程度空前加深，人类生活在同一个地球村里，生活在历史和现实交汇的同一个时空里，越来越成为你中有我、我中有你的命运共同体。"

2015 年 9 月 28 日，国家主席习近平在第七十届联合国大会讲话中再次强调："当今世界，各国相互依存、休戚与共。我们要继承和弘扬联合国宪章的宗旨和原则，构建以合作共赢为核心的新型国际关系，打造人类命运共同体。"

2017 年 10 月，在党的十九大上，习近平总书记将"构建人类命运共同体"理念确认为习近平新时代中国特色社会主义思想的重要内容，确定"坚持推动构建人类命运共同体"作为新时代坚持和发展中国特色社会主义的基本方略，并且把维护世界和平、促进共同发展作为新时代中国特色外交的总目标写入《中国共产党章程》《中华人民共和国宪法》，成为中国共产党和全体中国人民的共同意志。

二、基本内涵

构建人类命运共同体，顾名思义就是基于世界各国、各个民族的前途命运都紧密联系在一起，故应努力把我们生活的星球建成一个和睦幸福的大家庭，把世界各国人民对美好生活的向往变成现实。

习近平总书记在党的十九大报告中揭示了构建人类命运共同体理念的核心内涵："构建人类命运共同体，建设持久和平、普遍安全、共同繁荣、开放包容、清洁美丽的世界。"这一理念集中了中华优秀传统文化智慧。

在对人类命运共同体理念的阐释和推动中，习近平总书记指出，国际社会面临治理赤字、信任赤字、和平赤字、发展赤字等四大挑战。

"四大赤字"从根本上找出了世界乱象的"病根"。习近平总书记的重要讲话深刻回答了"世界怎么了、我们怎么办"的时代之问，为建设更加美好的地球家园贡献出中国智慧和中国方案。他指出，要破解这"四大赤字"，需要秉持公正合理、互商互谅、同舟共济、互利共赢四大理念，共同努力把人类前途命运掌握在自己手中。这是面对世界百年未有之大变局，中国为全球治理变革、为世界和平繁荣带来的新理念，提供的中国方案。

第三节 人类命运共同体理念的现实意义

习近平总书记构建人类命运共同体的理念，适应历史发展的趋势，凝聚全世界人民的共识，是中国为维护人类和平与福祉所发出的重要倡议，对中国和世界的未来，均具有重要而深远的意义。

一、具有理论价值

当今世界面临百年未有之大变局，政治多极化、经济全球化、文化多样化和社会信息化的大潮流不可逆转，各国间的联系和依存日益加深。就全球治理的结构和目标而言，我国的人类命运共同体理念在理论、制度和价值三个方面，均是创新性的指导思想和解决方案。

首创共商、共建和共享的全球治理理论，是我国针对全球治理的新问题而提出的合理而切实可行的解决思路。多元协商的全球治理制度，要求不同发展程度的国家之间要多合作、多交流，共同应对全球性的政治、安全、经济、文化和生态问题。

命运共同体的全球治理价值，在于维护全人类的共同利益。正如习近平总书记所说："不同国家和地区结成了你中有我、我中有你、一荣俱荣、一损俱损的关系……只有义利兼顾才能义利兼得，只有义利平衡才能义利共赢。"

二、具有历史意义

我国倡导构建人类命运共同体，同时阐明建立国际秩序新原则和人类社会关系新愿景，其根本目的就是让世界更美好，让人民更幸福，其意义重大而深远。

（一）科学回答当今人类社会的发展问题

推动构建人类命运共同体，是中国共产党人为科学回答 21 世纪

"建设一个什么样的世界、如何建设这个世界"的时代之问所提供的中国智慧和中国方案。面对本世纪世界发生巨大而深刻的变化，面对世界百年未有之大变局，习近平总书记以深邃的历史视野和世界眼光，深刻把握中国和世界发展大势，提出构建人类命运共同体的理念，饱含着对人类发展重大问题的睿智思考和独特创见。他正确回答了人类社会发展的历史趋势和时代演变的未来发展方向，第一次系统地回答了人类社会向何处去的重大问题，提出了关于人类社会和平与发展的许多重大理念和重要主张，是引领时代发展的行动指南。

（二）充分反映中华民族文化传统的优良品质

人类命运共同体的理念集中体现了"协和万邦""天下大同"等中华优秀传统文化的历史智慧和文明传统，具有深厚的思想基础与现实要求。中华民族一向追求和传承"以和为贵""和而不同""和衷共济"等和谐相处共生的理念，体现了中华民族最深沉的精神追求。构建人类命运共同体理念的提出，是习近平总书记科学运用中华民族优秀文化和文明传统，洞察当今世界发展趋势，回答解决人类发展进程中面临的一系列根本问题得出的结论，是我们古老伟大民族为世界贡献的特殊智慧。[1]

（三）鲜明体现对世界发展理念的提升

从历史观方面看，它突破了"中国历史"视野，扩展到"世界历史"观念，体现了历史观念的转变；从民族观方面看，实现了从"中华民族"到"世界民族"的民族观念的转变；从价值观方面看，体现了从"对个体现实生活需要的关切"到"追求全人类幸福理想"的价值观念提升；从经济观方面看，体现了从"为一国经济谋发展"到为"构建世界经济共同体"而努力的经济观念的转变；从社会发展方面看，体现了从"中国社会的共同富裕"到"关注全人类未来福祉"的发展观转变。

1　张贺福.深刻认识推动构建人类命运共同体的重大意义［J］.马克思主义与现实，2020（1）：5-6.

第九章
推动造福全人类的实践

　　创造幸福生活是全人类的共同理想。中国共产党领导中国人民推翻"三座大山"后，改造旧中国，使之逐步摆脱贫穷，实现小康。我们要珍惜并守护当前的幸福生活，坚持走中国特色社会主义道路，努力建设富强、民主、文明、和谐的幸福社会，实现中国式现代化，并为实现民族复兴的伟大梦想而继续奋斗；同时不忘为人类谋幸福、为世界谋大同。

　　在中国的积极推动下，2012年6月，第六十六届联合国大会宣布，追求幸福是人类的一项基本目标，幸福和福祉是全世界人类生活中的普遍目标和期望。并决议将今后的每年3月20日定为"国际幸福日"。2013年3月20日，中国在福州举行首个"国际幸福日"暨"世界福"发布会；当年6月11日，"世界福"搭乘神舟十号飞船上天，向世界宣告"中国梦，世界福"的理念。2022年春节期间，"福星高照，福佑中华"的福文化标识，连续三天亮相纽约时代广场大屏幕。同年1月农历除夕之夜，日本东京塔地标连续第四届举办象征温馨福和新年祈盼的点亮"中国红"活动。这些证明，中国在推动世界和平、造福人类社会方面作出了实实在在的努力，产生了广泛的国际影响，也得到各国有识之士和世界人民的普遍赞赏和积极支持。

第一节　建设中国式幸福社会

　　2000多年前，古代圣贤就提出"天下为公"的理想，历代仁人志士都把它奉为信条，并为之奋斗。"天下为公"是一个长远的奋斗目标，任重而道远。新时代，中国共产党高瞻远瞩地提出了"五位一体"的总体目标，以实现中国人民幸福生活的愿望。

一、经济富强

我国通过 40 多年改革开放，各项建设事业取得瞩目的成就，为实现中国人的幸福梦奠定了坚实的物质基础。

确定经济发展的宏观思路。新时代，我国经济发展进入新常态。习近平总书记指出："唯有发展，才能消除冲突的根源。唯有发展，才能保障人民的基本权利。唯有发展，才能满足人民对美好生活的热切向往。"我国正是通过努力发展成为第二大经济体，为实现中国人民的幸福梦打下雄厚的物质基础。

坚持高质量、高效益的发展，建立现代化的经济发展体系。要实现高质量的发展目标，必须遵循经济、自然和社会的规律，做到适合中国的国情，尊重自然规律，重视民生事业的进步，让发展与民意相适应，发展与分享相结合。

实现发展与民生双赢。经济与民生应相辅相成，改善民生的本质就是发展经济，发展成果必须与人民共享。我国坚持人民至上和以人民为中心，发展为了人民，坚持以人民为中心的发展思想，努力满足人民日益增长的美好生活需要。

二、政治民主

政治生活清明，人民享有广泛的民主政治权利，国家实行依法治国，社会充满公平正义，人民才能感受到幸福，其幸福也才有保障。

完善人民民主。我国实行的是协商民主，人民既有选举权，也有参政、议政、管理和监督政府的权利。我国的民主制度有利于维护国家的安定团结，有利于集中力量办大事。

扩大政治参与。我国的协商民主具有顽强的生命力，拓宽民主途径，深化民主内涵，体现全过程人民民主。

发挥法治作用。只有依法治国，让人民参与国家和社会的管理，人民权益才能得到保障，人民幸福才能实现。

努力实现公平正义。公平正义是中国特色社会主义的核心价值和内在要求，坚持把解决社会公平正义问题作为实现社会和谐的基本前提和根本途径。要加强制度体系建设，建立以权利公平、机会公平、规则公平、分配公平为主要内容的社会公平制度保障体系。

三、文化繁荣

精神文明和物质文明是一体两面。中国特色社会主义文化，为现代化建设提供思想保证、精神动力和智力支持。要实现中华民族的伟大复兴，要实现中国人民的幸福梦，就必须加强精神文明建设。

丰富精神世界。就人民幸福而言，精神幸福是更长久、更深刻的幸福，所以党和政府要为广大人民群众提供健康的、丰富多彩的精神食粮和文化盛宴，为人民幸福生活指引方向、充实内涵。

倡导正确的价值观。社会主义核心价值观指导人民群众提升幸福感，并团结全体人民，创造幸福生活，守护幸福生活。

提高民众的幸福修养。中国共产党重视对人民群众进行道德教育，让他们理解什么是真正的幸福，如何正确对待和享受幸福，提高其幸福修养。

增强文化自信。只有坚定文化自信，坚持民族精神，才能坚守民族优良传统，获得创造幸福的动力，保持正确享受幸福的道德操守。只有传承和弘扬我国的优秀传统文化，提高民族自信心和民族自豪感，才能坚持为实现民族复兴和人民幸福而不断努力奋斗。

四、社会和谐

从本质上讲，幸福的社会是实现民生进步、社会公平、人民正义、全民族共同富裕的社会。

民生是民心之源和幸福之基。改善民生，增加人民福祉，让人民过上幸福生活是党一切工作的出发点和落脚点。

发展成果与民共享。要坚持发展为了人民，发展成果与人民共享，坚定不移走共同富裕之路。

解决民生问题。民生问题是具体的、现实的，民之所求无小事，涉及人民利益的事，人民关心的事，党和政府都应当重视，持之以

◎ "世界福" 徽标图

恒地及时解决，让百姓拥有更多的获得感和幸福感。

维护社会安全。公共安全是人民群众最关心的问题，也是基本的民生保障。党中央提出总体国家安全观，形成严密的制度体系，其宗旨都是为了保护人民生命财产安全，让人民群众有更多的安全感和幸福感。

五、生态美丽

自然环境是人类赖以生存、发展的基础，人和自然应该和谐共生。良好的生态环境是公平的公共产品，普惠的民生福祉，要加强生态文明建设，保障民生福祉。

良好的生态环境是民生之福。随着经济与社会的发展，人民群众更希望有良好的生态环境，所以我们必须注意保护环境，消除污染。我们的发展必须兼顾生产、生活和生态，这样才是可持续的。良好的生活环境，是人民幸福生活的象征。

绿水青山就是金山银山。我国的经济发展应当重视生态环境保护，走绿色发展的道路。让美丽的生态环境为经济发展加分，成为民生幸福的增长点，展现良好的国际形象。

综合保护生态环境。人口、水源、土地和树林等是统一的有机整体，互相依存，所以必须统筹兼顾，综合治理。中央提出要建章立制，保护生态环境，实行生态环境恶化责任追究制度，下大力气抓好生态环境保护，为当代更为后代子孙留下美好、幸福的生活环境。

第二节　维护幸福生活

新时代，我们要坚持党的领导，坚持以经济建设为中心，始终不渝地为建设幸福美好的新生活发挥自己的聪明才智，为实现中国人民的幸福梦和中华民族的复兴梦贡献自己的智慧和力量。

一、坚持社会主义道路

坚持走中国特色社会主义道路，是我们在党的领导下实现人民幸福梦、民族复兴梦的必由之路，也是创造幸福和美好生活的必由之路。

中国特色社会主义制度是人民获得幸福的制度保障。这一政治制度有利于实现人民民主，保障人民的各项政治权益，可以调动一切力量为了国家富强、民族复兴，为了全体人民幸福而努力奋斗。

社会主义市场经济将社会主义制度和市场经济相结合并良性互动，使生产力和生产关系相互适应，互相促进，协调发展，从而让国家走向富强，让人民逐步走向幸福生活。

二、坚持党的领导

历史证明，没有中国共产党，就没有新中国，就没有中华民族的复兴，党的领导是中国特色社会主义的本质特征，是中国特色社会主义制度的根本保证，也是实现国家富强和人民幸福梦的希望所在。

正如习近平总书记所指出的："党的一切工作都是为老百姓利益着想，让老百姓幸福就是党的事业。"所以中国共产党的领导是实现人民幸福的政治保证。

三、坚持搞好经济建设

坚持以经济建设为中心是党的基本路线，是我们党和国家兴旺发达、长治久安的根本途径。进入新时代，党仍然坚持把发展经济作为执政兴国的第一要务，聚精会神搞建设，一心一意谋发展。

坚持以经济建设为中心，是由我国社会主义初级阶段的基本国情决定的。新时代，我国社会主要矛盾已经转化为人民日益增长的美好生活需要和不平衡不充分的发展之间的矛盾，着力解决这一矛盾，才能更好满足人民在经济、政治、文化、社会、生态等方面日益增长的需要。只有推动经济持续健康发展，才能筑牢国家繁荣富强、人民幸福安康、社会和谐稳定的物质基础。

坚持以经济建设为中心是推进共同富裕的内在要求。共同富裕是人民群众的期盼，因此我们党把实现广大人民根本利益作为发展经济的目标，让经济社会发展的成果更多地惠及全体人民，不断增强人民群众的获得感和幸福感。

四、坚持改革开放

改革开放的实质是解放和发展社会生产力，提高综合国力，进一步解放人民思想。我国实行改革开放以来，整个国家焕发出勃勃生机，发生了历史性的伟大变化，经济建设上了大台阶，人民生活水平大为改善，综合国力显著增强。习近平总书记指出，改革开放是中国人民和中华民族发展史上一次伟大革命，正是这个伟大革命，推动了中国特色社会主义事业的伟大飞跃。

今天站在新的历史起点上，更需要进一步凝聚改革开放共识，坚定改革开放方向，完善改革开放举措。历史证明，改革开放是当代中国命运和前途的关键抉择，是实现中华民族伟大复兴的必由之路。

第三节　走向人类共同幸福

中国人民在中国共产党的领导下，与世界各个国家和地区的人民一起，积极推动人类命运共同体的建设，共同创造幸福美好的新生活，让和平、发展、合作、共赢成为世界永恒的主题。

一、为全球治理提供"中国方案"

2017年1月18日，国家主席习近平在联合国日内瓦总部发表《共同构建人类命运共同体》的主旨演讲，提出"构建人类命运共同体，实现共赢共享"的中国方案。这个方案包括五个方面：第一，政治方面，"坚持对话协商"，以便建设一个持久和平的世界。第二，安全方面，"坚持共建共享"，以便建设一个普遍安全的世界。第三，经济方面，"坚持合作共赢"，以便建设一个共同繁荣的世界。第四，文明方面，"坚持交流互鉴"，以便建设一个开放包容的世界。第五，生态方面，"坚持绿色低碳"，以便建设一个清洁美丽的世界。

为治理政治失序困境，我国提出建立平等相待、互商互谅的国与国关系。一是重视协调和大国的关系，也重视和周边国家的睦邻友好关系。二是主张各国要共同维护联合国的权威，摒弃霸权主义和零和博弈思维，认为仅少数强国无法解决全球性问题，国与国之间只有平等协商才能共存、共赢。

为治理安全失信困境，我国提出建立公道正义、共建共享的安全格局。一是主张各国应秉持多边主义，协商一致，共筑防御战线。二是针对生物安全、网络安全等非传统领域的安全问题，各国共同营造协作机制予以应对。

为治理经济失衡困境，我国提出建立开放创新、包容互惠的发展原则。一是推出"一带一路"倡议，推动沿线国家经济与社会的发展，提升其工业化水平，提供基础设施建设资金，实现优势互补。

二是成立亚洲基础设施投资银行和丝路基金，为建设人类命运共同体提供资金保障，以此助推全球经济的发展。

为治理文化失范困境，我国提出建立和而不同、兼收并蓄的文明交流对策。主张各种文明虽有差异，但均是平等的，没有高低、贵贱、优劣之分，都有各自的特点和优点，不同文化之间的交流，是推动人类社会发展的重要动力。应当促进和而不同、兼收并蓄的文明交流活动，倡导尊重文化的多元化、多样性，大力拓宽文化交流渠道。

为治理生态困境，我国提出构建遵从自然、绿色发展的生态体系。倡导全世界各个国家和地区一起应对全球生态恶化问题，同时倡议建立全球生态治理的世界协统机制。

二、走和平发展道路

党的十八大以来，习近平总书记多次强调中国坚持走和平发展的道路，坚持推动人类命运共同体的建设。习近平总书记坚持和平发展道路的论述，是对马克思主义和平观的发扬光大，是中华民族和平发展、伟大复兴的理论创新，是习近平新时代中国特色社会主义思想的重要组成部分。

我们党历来坚持和平发展道路。新中国 70 多年发展历程，始终坚定地维护世界和平。党的十八大以来，习近平总书记多次强调必须坚持和平发展，和平发展是中国特色社会主义的必然选择，要始终不渝坚持走和平发展道路。

中国共产党之所以坚持走和平发展的道路，是从历史、现实和未来的客观判断中得出的，是一种理论自信和实践自觉。

中国人民要实现幸福梦，应该走和平发展的道路。和平崛起，造福中国人民；和平发展，造福各个国家和地区的人民。习近平总书记强调，中国梦的实现，需要和平的国际环境和稳定的国际秩序，他说："中国走和平发展道路，其他国家也都要走和平发展道路，只有各国都走和平发展道路，各国才能共同发展，国与国才能和平相处。"

中国政府和中国人民，始终如一地奉行合作共赢、互利互惠的开放战略，在和平共处五项原则的基础上，同世界上所有的国家和地区进行交往与合作，毫不动摇地维护世界和平。

习近平总书记指出："和平犹如空气和阳光，受益而不觉，失之则难存。"为此提出了中国主张，积极倡导构建人类命运共同体，为推进人类和平与发展的伟大事业作贡献。

三、坚持正确义利观

坚持正确的义利观是新中国外交政策的鲜明特征。我国始终不渝地奉行独立自主的和平外交政策，为广大发展中国家提供各种力所能及的支援和帮助，充分彰显我国对外政策推崇国际主义、人道主义、勇担国际责任的特点。

习近平总书记指出："义，反映的是我们的一个理念，共产党人、社会主义国家的理念……我们希望全世界共同发展，特别是希望广大发展中国家加快发展。利，就是要恪守互利共赢的原则，不搞我赢你输，要实现双赢。"

我国在维护国家核心利益的同时，旗帜鲜明地反对民族利己主义和霸权主义，始终不渝地坚持推动人类命运共同体的建设，主张在利益共同体的总体框架中，实现各自的利益和共同的利益，为全人类应对世界性问题提供中国方案，实现一起发展和共同幸福。

四、建设开放的世界经济

面向未来，世界各国要风雨同舟、合作共赢，坚持走开放融通、互利共赢的道路，坚持构建开放型的国际经济。为此，要加强各国经济合作，维持和保护多边国际贸易体制，让经济全球化朝着开放、包容、普惠、平衡、共赢的方向前进。

坚持合作共赢，建设开放经济。当今世界已经成为休戚与共的整体，进行开放、合作才是各个国家与地区最为明智的抉择，才能实现共同获益、一起繁荣。

中国共产党倡导建设开放型国际经济，倡导经济全球化，目标是更加开放、包容、普惠、平衡、共赢。要让新兴市场国家和发展中国家，尤其是非洲等地比较落后的国家和地区，参与世界产业分工和经济全球化，一起分享发展红利。

我们应该抓住机遇，推进结构性改革，深化与世界的交流与合作，化解传统产业受到的冲击，实现充分就业，促进民生进步。

包容普惠以造福世界人民，坚持绿色发展道路，在促进经济与社会发展的同时，保持环境生态文明，让广大人民拥有更多的获得感和幸福感。

我们要坚持奉行多边主义，倡导国家关系民主化，平等协商解决问题，反对单边主义、霸权主义和强权政治。推动各个国家和地区践行共同、综合、合作、可持续的安全观，支持多边国际贸易体制，促进世界经济治理改良，提升新兴市场经济国家和发展中国家的话语权。

我国坚定地扩大对外开放，坚持创新、协调、绿色、开放、共享的新发展理念，大力开展与发展中国家的合作，为新兴市场经济国家和发展中国家的发展提供更多机会。

五、实现世界大同理想

党的十八大以来，以习近平同志为核心的党中央，为完善全球治理体系提出了许多真知灼见，赢得全世界大多数国家的认同和尊敬。习近平总书记高瞻远瞩地提出"构建人类命运共同体"的重要理念，是中国对人类社会的重要理论贡献。

中华优秀传统文化历来崇尚和衷共济、和而不同、天下为公、世界大同。当前，我国作为经济大国和贸易大国，与世界各国形成良性互动，是利益交融、安危与共的紧密关系。我国不断提升综合国力，为推动全球治理体系的完善奠定坚实的基础。就世界治理而言，中国主张和平发展、合作共赢，主张各国一起推动世界治理体系革新，共同建设幸福美好的新生活。中国人民的幸福梦和中华民族的振兴梦，与世界人民的幸福梦息息相关，中国的发展必将贡献于世界，造福于人类。

习近平总书记提出构建人类命运共同体的理念，在新的高度上发扬光大了人类共同价值观与中华优秀传统文化，集中体现人类社会谋求世界持久和平、维护世界公平正义的伟大理想。正如习近平总书记所言："中国人民将继续与世界同行、为人类作出更大贡献，坚定不移走和平发展道路，积极开展全球伙伴关系，坚定支持多边主义，积极参与推动全球治理体系变革，构建新型国际关系，推动构建人类命运共同体。"

今天，幸福和福祉已成为全世界人类生活中的普遍目标和期望，幸福成为"人类共有的精神家园"，人类文明将在"共同幸福"的价值观里融合，"平安、和谐、幸福"将成为人类共有的追求。

后　记

　　2022 年 2 月，福建省炎黄文化研究会常务副会长马照南召集专家学者，讨论执行省委宣传部提出组织编写福文化研究书籍问题，到会专家都发表了意见，并且踊跃报题。会后，研究会领导商定并报请省委宣传部批准，决定同意福建人民出版社刘进社所报的《福建传统的福文化》和福建省文史研究馆原馆长卢美松所报的《福文化概论》两个课题。随后，马照南召集卢美松、苏振芳、方彦寿、林焱、徐心希商讨本书的初步纲目和写作分工，确定第一章由林焱撰稿；第二章由黄黎星撰稿；第三章由方彦寿撰稿；第四章和第六章由赖晨撰稿；第七章至第九章由苏振芳撰稿。全书初稿形成后，由卢美松进行初步统稿，并分别向各撰稿人员商量提出调整部分章节意见和修改建议。其间，方彦寿还推荐黄丽奇补充编写第四章第三节。卢美松除最后对全书总纂统稿外，还补充编写第二章第三节，第三章第一节、第四节、第五节、第六节，第四章第四节以及第五章。

　　初稿形成后，还请宁德师范学院魏定榔对全部书稿进行梳理。嗣后卢美松主编从 9 月起利用 3 个月时间对全书进行总纂、统稿；吸收魏定榔意见，对部分章节进行调整和更名，但各章分工不变，并起草了"引言"与"后记"。最终书稿交省炎黄文化研究会黄丽华进行全文修改并录入，嗣即输出全稿交马照南总审，并邀请马照南作序，然后上送省委宣传部领导审阅，根据领导意见又作了补充和完善。

　　此书的编纂几经修改，又经编辑加工，历时近一年。作为一本带有探讨福文化源流并力图从理论上加以阐述的图书，自然显得时间仓促，加以编者学识水平所限，肯定还有很多不完善乃至错漏之处，还望高明者批评指正，况且本书是首次从理论方面阐述福文化，体例、内容等尚有欠缺。

　　本书能在不太长的时间内成稿并交付出版，除了省炎黄文化研究会领导的支持和撰稿诸君的密切配合之外，还多得省炎黄文化研究会其他领导如林思翔秘书长和陈用毅、叶必华处长的关心与支持，又得欧阳芬女士的热情帮助。值本书出版之际，一并向他们表示衷心感谢。

编者

2022 年 12 月